성공 구조를 만드는 **시스템 설계자**

성공 구조를 만드는

시스템 설계자

임영채 지음

Systems Designer

원하는 것을 이루게 하는 시스템

클라우드나인
C L O U D 9

개정판 서문

경영철학부터 시스템 사고로 재정립해야 한다

초판 출간 후 만 4년이 지났습니다. 그동안 저의 관심사는 어떻게 하면 독자들이 시스템 사고를 업무에 적용하여 성과를 낼 수 있도록 할 것인지였습니다. 그래서 스스로도 업무를 하면서 시스템 사고를 통해 회사의 성장 구조를 그려보고 사장님께 보고도 드렸지만 구조화하는 데까지는 나아가지를 못했습니다. 시스템 사고는 누구나 할 수 있지만 구조화하고 그에 따라 회사가 운영되도록 하기 위해서는 개인의 역량만으로는 부족하고 결국 경영진을 포함한 전체 조직 차원의 노력이 필요하다는 것을 느꼈습니다. 이 과정에서 시스템 사고 기반으로 성장 구조를 만든다는 것은 실행의 문제 이전에 근본적인 철학의 문제라는 생각을 갖게 되었습니다. 즉 경영자를 포함한 조직구성원들의 사고방식이 180도 바뀌지 않는 한 추진하기 어려운 과제라는 생각을 하게 되었습니다.

19세기 말부터 20세기 초에 걸친 시기에 중국 청나라의 개혁이 실패하고 일본 메이지 유신이 성공한 이유는 결국 철학의 문제였습니다. 이러한 점을 시스템 사고를 기업에서 활용하는 문제에서도 다시금 확인할 수 있었습니다. 중국의 양무운동 당시 모토가 중체서용, 즉 중국의 체제는 유지하고 서양의 기술을 받아들여 부국강병을 하자는 것이었는데 결국 실패하고 말았습니다. 이에 반해 일본의 메이지 유신 당시의 모토는 문명개화론으로 기술과 체제는 따로 갈 수가 없기 때문에 부국강병에 성공하기 위해서는 기술뿐만 아니라 체제까지도 서양의 체제를 받아들이자는 것이었습니다. 이러한 개념을 적용하여 결국 동양에서는 유일하게 제국주의의 반열에 오를 수 있었습니다.

우리 기업도 지속성장 발전해 나가기 위해서는 근본적인 경영철학과 체질부터 시스템 사고를 근간으로 하지 않으면 안 됩니다. 기업의 경쟁력을 키우기 위해서라도 신기술을 받아들여 운영할 수 있는 체질부터 갖추어야 한다는 생각을 하게 되었습니다.

현재 진행되고 있는 디지털라이제이션만 보더라도 전통기업은 기존의 체제를 유지한 채 기술만 디지털화하려고 애를 쓰고 있다 보니 그다지 성과를 내지 못하고 있습니다. 반면에 신생 벤처기업들은 경영철학과 조직문화 등 정체성 자체가 디지털 기반으로 형성되어 자연스럽게 비즈니스 모델 전반을 디지털 기반에서 운영함으로써 전통기업들이 수십년 간 쌓아온 성과를 단숨에 넘어서고 있습니다. 그나마 삼성이나 SK와 같이 체질까지 디지털로 전환하고자 시도하는 몇몇 기업만 성과를 내고 있고 기존의 체제를 유지한 채 디지털로 전환하고자 하는 기업들은 그 전환 속도가 무척 더딘 것을 확인할 수 있습니다.

이러한 측면에서 보았을 때 기업이 지속적인 성장 구조를 갖추기 위해서는 경영철학부터 시스템 사고를 기반으로 재정립할 필요가 있습니다. 단선적인 인과관계를 기반으로 하는 논리적 사고 구조로는 직선이 아닌 되먹임 구조를 가진 복잡계 경영환경에서 적응해서 살아남기가 어렵다는 것을 인식할 필요가 있습니다. 각 기업의 경영자와 구성원이 최우선으로 시스템 사고로 전환해야만 되먹임 구조를 가진 복잡계 경영환경에서 생존하고 성장하는 길을 찾아갈 수 있다는 점을 다시 한번 강조하고 싶습니다.

개정판에서는 이러한 문제의식을 담아 기존 책 내용에 더해 디지털 대전환 시대에 뷰카VUCA 즉, 변동성Volatility, 불확실성Uncertainty, 복잡성Complexity, 모호성Ambiguity으로 표현되는 경영환경에서 시스템 사고를 통해 어떻게 기존 기업체질을 변화시키고 기업 구조를 지속적인 성장을 추구해 나갈 수 있게끔 전환시킬 수 있는지에 대해 말씀드리고자 합니다.

이를 위해 7장「어떻게 시스템 경영으로 디지털 전환할 것인가」를 추가하였습니다. 7장을 통해 디지털 대전환 시대에 지속적으로 성장할 수 있는 구조를 만들어갈 수 있기를 기원합니다.

2024년 2월

임영채

되는 구조를 알고 시스템을 만들면 원하는 대로 된다

페이스북을 보다가 다음과 같은 글을 본 적이 있습니다.

원하는 것을 이루는 방법 1

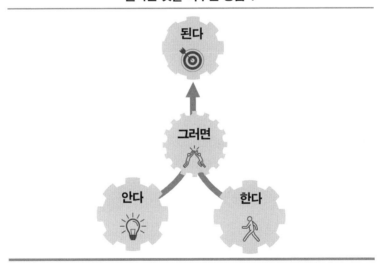

"안다! → 한다! → 그러면 됩니다!"

여러분께서는 어떻게 생각하십니까? 알고 하면 다 될까요? 우리 경험을 한 번 돌아보겠습니다. 안다고 다 하나요? 한다고 다 되나요? 뭔가 허전한 것이 느껴집니다. 가령 육교를 옆에 두고 무단횡단하는 사람들이 있습니다. 그분들은 육교로 건너야 한다는 것을 몰라서 무단횡단을 하는 것일까요? 다 알면서도 무단횡단이 편하기 때문에 그렇게 하는 것은 아닐까요? 즉 알면서도 안 하는 사례가 더 많습니다. 다음으로 한다고 다 될까요? 가령 공부를 열심히 한다고 다 성적이 좋을까요? 사법시험 공부를 열심히 한다고 다 합격할까요? 그렇지 않다는 것은 우리가 다 알지 않습니까?

그렇다면 무엇이 더 필요할까요? 아는 것을 할 수 있게 하는 그리고 함으로써 되게 하는 뭔가가 더 필요하다는 생각이 듭니다. 저는 그것을 시스템 또는 구조라고 생각합니다. 즉 "되는 구조(시스템)를 알고 되는 구조(시스템)를 만들면 원하는 대로 됩니다."라고 감히 말할 수 있습니다.

여기에서 되는 구조를 아는 것을 시스템 사고라고 하고 되는 구조를 만드는 것과 되는 구조대로 하게 만드는 것을 시스템을 만드는 것이라고 생각합니다. 우리는 시스템 사고를 통해 되는 구조를 알고 시스템을 만들어서 하게 하면 원하는 것을 얻을 수 있습니다. 가령 예를 들면 앞의 예에서 사람들이 육교를 두고 무단횡단하는 것을 못하게 하려면 어떻게 하면 될까요? 되는 구조를 파악해봅시

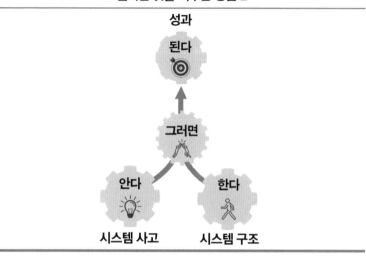

원하는 것을 이루는 방법 2

성과

된다

그러면

안다   한다

시스템 사고   시스템 구조

다. 사람들이 무단횡단을 하는 이유는 불편한 것은 싫어하고 편한 것을 추구하기 때문입니다. 사람은 편한 대로 행동하게 되어 있습니다. 이런 사람의 특성을 이해했다면 이제는 무단횡단하지 않고 육교를 이용할 수 있도록 하는 시스템인 구조를 만들면 됩니다.

어떻게 하면 될까요? 무단횡단을 하지 않게 하기 위해서는 무단횡단이 가능하다는 생각을 아예 하지 못하게 구조를 만들면 됩니다. 어떻게 하면 될까요? 도로 가운데에 높은 담장을 설치하면 됩니다. 그러면 사람들은 무단횡단해도 담장 때문에 넘어가지 못하고 잘못하면 비명횡사할 수 있으니 아예 생각조차 하지 않게 됩니다. 그러면 우리가 원하는 대로 사람들이 무단횡단하지 않고 육교를 이용하게 할 수 있습니다.

되는 구조를 알고 되는 구조를 만들면 원하는 대로 된다는 것을 확인할 수 있었죠? 우리가 되는 구조를 아는 '시스템 사고'를 배우고 되는 구조를 만드는 '시스템'을 배우게 되면 원하는 대로 할 수 기 있습니다.

이제부터 한번 배워볼까요?

2019년 10월

임영채

차례

1부

시스템을 구축하라

1장

어떻게 시스템은
일이 되게 하는가

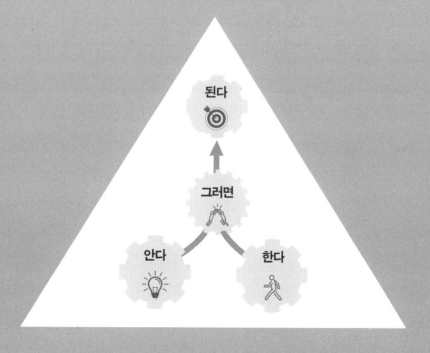

1

시스템은 원하는 일이 되게 하는 메커니즘이다

시스템이란 '일이 되게 하는 메커니즘 또는 구조'라고 할 수 있습니다. 현재 메이저리그에서 뛰고 있는 일본 출신 야구선수 오타니 쇼헤이의 만다라트*가 시스템의 좋은 예입니다. 그는 고등학교 1학년 때 다음 그림과 같은 만다라트 계획표를 만들었다고 합니다. 그는 '8개 구단 드래프트 1차 지명'을 이루기 위해 필요한 것이 무엇인가를 찾아서 8요소를 정했습니다. 바로 멘탈, 인간성, 운, 변

---

* 만다라트는 일본의 디자이너 이마이즈미 히로아키가 개발한 기법으로 Manda(목적) + la(달성) + art(기법)가 결합된 용어입니다. 따라서 만다라트Mandalart는 '목적을 달성하는 기술'이라는 의미입니다. 보통 계획을 세울 때 사용하는 다른 방법들과 달리 만다라트는 본인이 이루고 싶은 핵심 목표를 이루기 위해서는 어떤 세부적인 계획들이 동반되어야 하는지 명확하게 확인할 수 있다는 장점이 있습니다.

오타니 쇼헤이 선수의 만다라트

몸관리	영양제 먹기	FSQ 90kg	인스텝 개선	몸통 강화	축 흔들리지 않기	각도를 만든다	위에서부터 공을 던진다	손목 강화
유연성	몸 만들기	RSQ 90kg	릴리즈 포인트 안정	제구	불안정 없애기	힘 모으기	구위	하반신 주도
스태미나	가동역	식사 저녁 7순갈 아침 3순갈	하체 강화	몸을 열지 않기	멘탈을 컨트롤	볼을 앞에서 릴리즈	회전 수 증가	가동력
뚜렷한 목표·목적	일희일비 하지 않기	머리는 차갑게 심장은 뜨겁게	몸 만들기	제구	구위	축을 돌리기	하체 강화	체중 증가
핀치에 강하게	멘탈	분위기에 휩쓸리지 않기	멘탈	8구단 드래프트 1순위	스피드 160km/h	몸통 강화	스피드 160km/h	어깨 주변 강화
마음의 파도를 안 만들기	승리에 대한 집념	동료를 배려하는 마음	인간성	운	변화구	가동력	라이너 캐치볼	피칭 늘리기
감성	사랑받는 사람	계획성	인사하기	쓰레기 줍기	부실 청소	카운트볼 늘리기	포크볼 완성	슬라이더 구위
배려	인간성	감사	물건을 소중히 쓰자	운	심판을 대하는 태도	늦게 낙차가 있는 커브	변화구	좌타자 결정구
예의	신뢰받는 사람	지속력	긍정적 사고	응원받는 사람	책읽기	직구와 같은 폼으로 던지기	스트라이크 볼을 던질 때 제구	거리를 상상하기

(출처: 위키피디아)

화구, 스피드, 구위, 제구, 몸만들기입니다. 그리고 요소마다 목표를 정하고 또 목표를 달성하기 위해 해야 할 일을 각각 8가지씩 정의했습니다. 가령 스피드라는 요소에 대해서는 목표를 시속 160킬로미터로 정하고 달성하기 위한 활동으로 축을 돌리기, 하체 강화, 체중 증가, 어깨 주변 강화, 피칭 늘리기, 라이너 캐치볼, 가동력, 몸통 강화로 정했습니다. 그런 식으로 8요소를 양식에 따라 구성하고 날마다 실행했습니다. 그 결과 그는 고등학교 때 이미 8구단 드래프트 1차 지명이라는 목표를 달성했다고 합니다. 이후에는 목표를 성향 조정힙니다. 바로 메이저 리그 진출이지요. 목표가 상향 조정되자 8요소의 내용도 같이 조정되었습니다. 예를 들어 그중 하나인 스피드의 목표는 시속 160킬로미터에서 시속 170킬로미터로 조정되었습니다. 이에 따라 해야 할 일도 조정되었겠죠? 이처럼 원하는 것이 있으면 원하는 것을 달성할 수 있는 구조인 시스템을 만들면 됩니다.

저는 오타니 선수가 '운'까지도 관리할 수 있다고 믿었다는 것이 인상 깊었습니다. 그는 운이 작동하는 구조를 파악했습니다. 운은 어떨 때 작동할까요? 그는 주변에 자신에게 우호적인 사람들이 많이 늘어나는 것이 운이 좋아지게 하는 구조라고 보았습니다. 그래서 주변에 자신에게 우호적인 사람들을 많이 만드는 방법으로 선정한 활동이 인사하기, 쓰레기 줍기, 부실 청소, 심판을 대하는 태도, 책 읽기, 응원받는 사람, 긍정적 사고, 물건을 소중히 쓰자 등이었습니다. 다른 사람들이 하기 귀찮아하는 일을 솔선수범해서 함으로써 인정을 받고 또한 심판과 같은 경기를 좌우하는 요소에 대해 깍듯이 대함으로써 불이익을 받는 일이 없게 하는 등 세심하게

PDCA 사이클

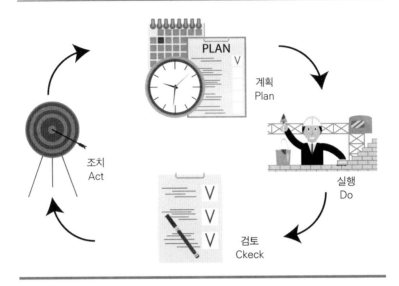

운을 관리하는 모습을 볼 수 있습니다. 그래서 그런지 한국에서도 오타니 선수에 대해 호감을 갖는 사람들이 많습니다. 결국 일은 되는 구조를 알고 되는 구조를 만들면 되게 되어 있습니다.

그런데 여기서 한 가지 짚고 넘어갈 것은 이러한 시스템을 만드는 작업이 한순간에 이루어지지 않는다는 것입니다. 되는 구조는 순간적인 영감으로 떠오르는 것이 아니라 수많은 시행착오를 거쳐 알게 되는 것입니다. 되는 구조를 만드는 작업 또한 수많은 시행착오를 거쳐 완성되며 완성되었다고 끝나는 것이 아닙니다. 또 다시 다양한 변수들에 의해 지속적으로 개선되어야 합니다. 그래서 되는 구조를 알고 되는 구조를 만들기 위해서는 지속적인 계획Plan-실행 Do-검토Check-조치Act라고 하는 PDCA 사이클을 돌려야 합니다.

2

시스템은 목적과 구성요소와
상호작용으로 구성된다

시스템을 만들려면 시스템이 어떻게 구성되어 있는지를 알아야 합니다. 그래서 이제는 시스템의 구성요소에 대해 알아보도록 하겠습니다.

시스템은 목적과 구성요소와 상호작용으로 구성됩니다. 시스템이 작동하려면 먼저 시스템의 존재 이유인 달성하고자 하는 목적이 있어야 합니다. 다음으로는 목적 달성을 가능하게 하는 자원들인 구성요소가 있어야 합니다. 마지막으로 이러한 구성요소들을 결합해 목적을 달성해나가는 상호작용이 있어야 합니다. 이러한 세 가지 요소가 갖추어지면 원하는 목적을 달성할 수 있습니다. 따라서 시스템은 구성요소 간의 상호작용을 통해 목적을 달성해나가

시스템의 구성요소

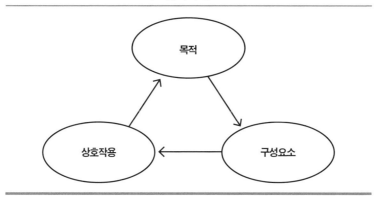

는 체계라고 정의할 수 있습니다

　그래서 이 세 가지 구성요소가 있는지만 파악하면 시스템인지 아닌지 구분할 수 있습니다. 예를 들면 어떤 것이 있을까요? 우리가 가장 흔히 하는 밥 먹는 것은 시스템일까요? 먼저 목적이 있습니까? 있죠? 사람에 따라 밥을 먹는 목적이 다를 수도 있겠지만 가장 기본적인 목적은 생명을 유지하는 것이라고 할 수 있습니다. 그러한 목적을 달성하기 위해 필요한 구성요소가 있나요? 있죠? 밥과 같은 재료, 상이나 수저와 같은 도구, 그리고 밥을 먹는 방법 등이 있습니다. 이러한 구성요소는 지역에 따라 다양할 수 있지만 재료와 도구와 방법 등과 같은 요소들은 공통적으로 필요합니다. 마지막으로 이러한 구성요소 간의 상호작용이 있나요? 있죠? 밥을 상에 차리고 수저를 가지고 밥을 먹습니다. 구성요소 간에 상호작용

사이먼 시넥의 골든 서클

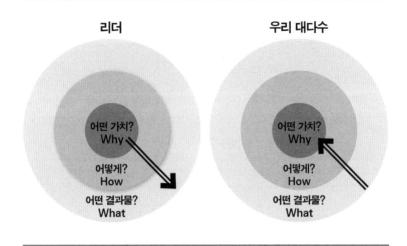

을 통해 밥을 먹음으로 생명을 유지하는 목적을 달성하고 있습니다. 그래서 밥 먹는 것도 하나의 훌륭한 시스템입니다.

그렇다면 우리가 이 세상에서 살아가면서 하는 일 중에 시스템이 아닌 것이 있겠습니까? 제가 보기엔 거의 없는 것 같습니다. 그렇다면 우리가 살아가면서 하는 일을 모두 시스템으로 보고 할 수 있지 않을까요? 만약 우리가 하는 일을 모두 시스템으로 보고 한다면 뭔가 좀 달라지는 것이 있을까요? 저는 우리가 하는 일이 완전히 달라질 수 있다고 생각합니다. 어떻게 달라질까요?

위 그림은 사이먼 시넥의 비즈니스 작동원리를 설명하는 골든 서클입니다. 사이먼 시넥은 세상을 바꾸는 사람이나 조직은 일반적인 방식으로 일하는 사람들과는 달리 이러한 골든 서클과 같은 방식으로 일한다고 주장합니다. 그렇다면 일반적인 방식으로 일하는 것과 골든 서클과 같은 방식으로 일하는 것은 어떤 차이가 있을까요?

일반적인 방식으로 일하는 사람들은 앞의 그림에서 밖에서 안으로 집근을 합니다. 출발이 눈에 보이는 '어떤 결과물What?'에서 시작합니다. 다음으로 눈에 보이는 그것을 만들어내기 위해 우리는 '어떻게How to?' 일을 합니다. 그것은 고객들이 우리 제품을 사야 하는 '이유Why?'를 만들어냅니다. 여러분이 하는 일을 가만히 생각해보면 대체적으로 이런 방식으로 일을 한다는 것을 알 수 있습니다. 우리가 만들어내야 할 산출물이 뭐야? 그것을 만들어내려면 어떻게 해야 해? 그렇게 하면 누구에게 어떤 가치를 제공하는 거야?

그렇다면 골든 서클에서 말하는 비즈니스 작동원리는 무엇이 어떻게 다를까요? 골든 서클에서는 이와 정반대로 진행됩니다. 즉 모든 비즈니스가 어떤 가치를 창출할 것인가에서 출발해서 어떻게 만들지를 거쳐서 마지막으로 어떤 산출물에서 끝이 납니다. 저는 여기에 더해서 피드백을 추가해보았습니다. 골든 서클에서는 비즈니스의 시작을 '왜 이 비즈니스를 하는가?' 하는 목적에서 출발합니다. 다음으로 이러한 목적을 달성하기 위해서 '어떻게 일해야 하느냐?'에 초점을 맞추어 일합니다. 다음으로 우리가 이렇게 일을 함으로써 만들어낸 것이 어떤 결과물이라고 말합니다. 마지막으로

사이먼 시넥의 골든 서클: 비즈니스 작동원리

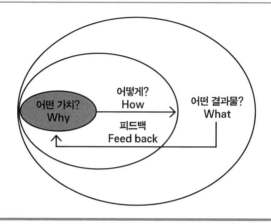

피드백입니다. 우리가 만들어낸 이것은 애초에 달성하고자 했던 어떤 가치를 만족시키는지를 묻습니다. 그들은 이러한 과정을 통해 원래 목적으로 했던 무언가를 지속적으로 만들어갑니다. 그렇게 만들어가는 그 무언가가 결국 세상을 변화시켜 나갑니다.

이러한 비즈니스 작동원리에 따라 비즈니스를 함으로써 세상의 변화를 가져온 대표적인 사람으로 누가 있을까요? 지금은 고인이 된 애플의 스티브 잡스가 바로 그러한 사람이라고 생각합니다. 스티브 잡스는 바로 이 어떤 가치에서부터 비즈니스를 출발했습니다. 스티브 잡스는 비즈니스를 하는 목적을 "세상을 혁신할 수 있는 도구를 만들자"에 두었습니다. 그리고 그는 "세상을 혁신할 수 있는 도구를 만들기 위해 어떻게 일을 할 것인가?"라는 물음에 "다르게 생각하라Think different."라고 답했습니다. 그렇게 일을 한 결과 만들어진 것이 바로 '아이폰'입니다. 그렇다면 아이폰은 스티브 잡스가 비즈니스를 하는 목적으로 삼았던 '세상을 혁신시키는 도구'로서 역할을 했습니까? 그렇습니다. 아이폰은 이전과는 완전히 다른 모바일 세상을 만들어냈고 그럼으로써 4차 산업혁명을 가져오는 계기를 만들어냈습니다.

그렇다면 이것이 우리가 하는 일을 모두 시스템으로 보고 일한다는 것과 어떻게 연관이 되는지 알아보겠습니다. 우리가 하는 일을 시스템으로 보고 한다면 가장 중요한 것은 무엇일까요? 그것은 바로 목적, 즉 '어떤 가치를 창출할 것인가?'입니다. 시스템에 목적이 없다면 그 시스템은 존재할 수 없습니다. 그래서 시스템으로 보고 일을 한다면 일의 출발점을 시스템의 목적인 '어떤 가치를 창출할 것인가?'로 삼아야 합니다. '왜 이 일을 하는 거지?' 왜 이 일을 하는지 생각하게 되면 자연스럽게 이 목적을 달성하기 위해서는 무엇이 필요하고 어떻게 하면 달성할 수 있는지에 대해 생각이 미치게 됩니다. 즉 어떻게에 대해 고민하게 된다는 것입니다. 그렇게 해서 만들어낸 것이 바로 어떤 산출물입니다. 그렇게 만들어진 어떤 산출물이 원래의 목적에 부합하는가를 따져보는 것이 피드백입니다. 우리는 이러한 과정을 통해 탁월한 성과를 낼 수 있는 골든 서클과 같은 방식으로 일할 수 있게 되는 것입니다.

우리가 하는 일을 시스템으로 보고 하면 지속적으로 탁월한 성과를 낼 수 있게 됩니다. 우리도 골든 서클과 같은 방식으로 세상을 변화시키는 사람들처럼 어쩌면 날마다 세상을 변화시키는 일을 할 수도 있습니다. 그것이 우리의 목적이 되기만 하면 그렇게 할 수도 있습니다.

다음으로 시스템의 구조에 대해 알아보도록 하겠습니다. 우리는 시스템의 구조를 이해함으로써 무엇을 위해서 일해야 하는지에 대해 보다 명확하게 정의할 수 있게 됩니다.

3

시스템의 목적은 전체 최적화인가, 부분 최적화인가

시스템의 목적이 무엇이 되어야 하는지를 보다 명확하게 이해하기 위해서는 어떤 구조로 되어 있는지를 알아야 합니다. 그래서 이번 장에서는 시스템의 구조에 대해 말씀드리겠습니다. 다음 그림에서 보시는 바와 같이 시스템은 계층 구조로 이루어져 있습니다. 상위 시스템이 있고 그 아래에는 하위 시스템이 있습니다. 하위 시스템 아래에는 또 하위 시스템이 있습니다. 이렇게 시스템은 상위 시스템과 하위 시스템의 계층 구조로 이루어져 있습니다. 이것을 시스템의 구성요소와 연관지어 살펴보면 상위 시스템의 구성요소는 하위 시스템들이라고 할 수 있습니다.

그렇다면 상위 시스템의 목적은 어떻게 달성될 수 있을까요? 상

계층 구조

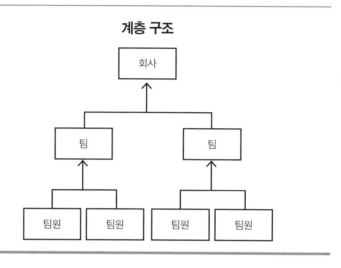

위 시스템의 구성요소인 하위 시스템 간의 상호작용을 통해 달성될 수 있다는 것을 알 수 있습니다. 이렇게 하위 시스템 간의 상호작용을 통해 상위 시스템의 목적을 달성해 나가는 것을 전체 최적화라고 합니다. 그래서 전체 최적화 관점에서 하위 시스템의 목적은 상위 시스템의 목적을 달성하는 것이 되어야 합니다. 따라서 상위 시스템의 목적을 달성하기 위해서는 하위 시스템들이 전체 최적화 관점을 가지고 서로 협력하는 것이 절대적으로 필요합니다.

그런데 이와 반대로 하위 시스템이 상위 시스템의 목적과는 무관한 자기자신만의 목적을 위해 일하는 경우가 있습니다. 그것을 부분 최적화라고 합니다. 그렇게 하위 시스템이 부분 최적화를 추

시스템의 구성요소

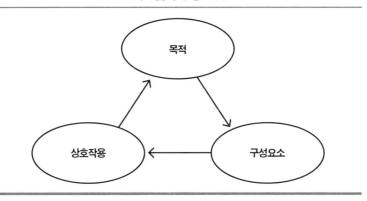

구하게 되면 상위 시스템의 목적을 달성하는 것이 어렵게 됩니다. 예를 들어보겠습니다. 우리 인체도 시스템이라고 할 수 있을까요? 네. 시스템이라고 할 수 있습니다. 우리 인체는 생존이라는 목적이 있고 두뇌, 장기, 그리고 혈관 등의 수많은 하위 시스템 간의 상호 작용을 통해 그 목적을 달성해 나갑니다. 그런데 만약 우리의 혈관이나 두뇌가 상위 시스템의 목적인 인체의 생존을 위해 일하지 않고 자신만의 목적을 위해 일한다면 어떻게 될까요? 우리 인체가 생존을 유지할 수가 있을까요? 어렵겠지요.

그런데 우리 인체에는 바로 이렇게 자신의 증식만을 위해서 일하는 조직이 있습니다. 그것이 무엇일까요? 바로 암입니다. 암은 우리 인체의 생존과는 무관하게 자신의 증식만을 목적으로 일을 합니다. 그것을 바로 부분 최적화라고 합니다. 암이 부분 최적화에 성공하면 인체는 어떻게 될까요? 죽습니다. 즉 부분 최적화의 결과는 전체를 죽게 만드는 것입니다. 그런데 여기서 한 가지 더 알아야 할 것이 있습니다. 전체인 인체가 죽으면 부분인 암은 어떻게 되나요? 암도 역시 죽게 됩니다. 즉 부분 최적화의 끝은 전체도 죽이고 본인도 죽는 것입니다.

이러한 원리를 기업에도 적용해 보겠습니다. 제가 강의를 하면서 많은 분들에게 기업의 목적과 관련한 질문을 하고 답을 하는 과정을 통해 기업의 목적이 무엇이 되어야 하는가에 대해 정리해보았습니다.

강사: 기업의 목적이 무엇인가요?

청중: 이윤창출이요!

강사: 그렇다면 기업의 상위 시스템은 무엇인가요?

청중: 사회요!

강사: 그렇다면 기업의 목적은 상위 시스템인 사회의 목적을 달성하는 것이 되어야 하지 않을까요? 이윤창출이 사회의 목적을 달성하는 것이 될 수 있을까요?

청중: …….

강사: 사회의 목적이 무엇인지부터 정의해볼까요? 사회의 목적은 무엇일까요?

청중: 사회의 유지나 안전이나 발전 같은 게 아닐까요?

강사: 네. 맞습니다. 그러면 기업의 목적은 사회의 유지나 안전이나 발전 같은 것을 위해서 일하는 것이 되겠네요? 그러한 측면에서 보면 기업의 목적은 업의 정의와 같다고 볼 수 있습니다. 기업은 사회의 유지와 발전을 위해 일을 합니다. 사례를 들어보면 유통기업은 사회의 유지 발전을 위해 생산자와 소비자를 연결해 소비자가 필요로 하는 모든 제품이나 서비스를 공급받을 수 있도록 도움을 주는 역할을 합니다. 이러한 역할이 바로 그 기업이 상위 시스템인 사회의 목적을 달성하기 위해 하위 시스템으로서 전체 최적화 관점에서 기능하는 것입니다. 그것을 우리는 업의 정의, 즉 업의 본질이라고 말할 수 있습니다.

반면에 기업의 목적을 이윤창출이라고 하면 대부분의 경우 부분 최적화로 귀결됩니다. 예전에 콩나물을 빨리 자라게 하기 위해 콩나물에 농약을 치는 경우가 있었습니다. 이것이 바로 기업의 목적을 이윤창출로 삼고 사회에 악영향을 미치는 부분 최적화의 전형적인 모습입니다. 기업이 사회의 유지 발전이라고 하는 목적을 달성하는 것을 자신의 목적으로 가져가는 것 대신에 자기자신만의 목적인 이윤창출을 위해 노력한다고 하면 대부분의 경우 콩나물에 농약을 치는 것과 같은 부분 최적화에 빠지게 됩니다. 그러한 기업들은 단기적으로는 이윤을 창출할 수 있을지 모르지만 장기적으로는 사회에서 퇴출될 수밖에 없습니다. 그런데 우리나라 기업에서 종사하는 대다수의 구성원들이 기업의 목적을 이윤창출이라고 답하는 것을 보면서 참 마음이 무거웠습니다. 이것이 우리나라가 단기간의 폭발적 성장 이후에 선진국의 문턱을 넘지 못하고 주저앉는 이유 중의 하나가 아닐까 하는 생각이 들었습니다.

앞에서 사례를 든 스티브 잡스가 만든 기업 애플의 목적은 무엇이었나요? 애플의 목적은 이윤 창출이 아니었습니다. 애플의 목적은 '사회를 혁신하는 도구를 만드는 것'이었습니다. 이러한 애플의 목적은 사회의 유지 발전이라는 상위 시스템의 목적과 부합하는 것이었나요? 그렇습니다. 애플의 목적은 단순히 사회의 유지 발전에서 그치지 않고 아예 모바일 사회라고 하는 새로운 사회를 만들어냈습니다. 우리나라 기업들이 이윤창출을 목적으로 부분 최적화 관점에 매몰되어있을 때 애플과 같은 실리콘밸리의 기업들은 전체 최적화 관점에서 사회를 혁신하기 위해 노력하고 있습니다.

실리콘밸리의 기업들이 일하는 방식을 보면 먼저 기여하고자 하

실리콘밸리: 미션을 이루기 위해 존재하는 회사들

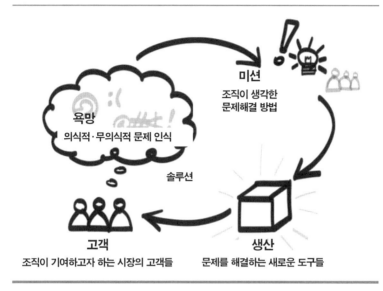

미션
조직이 생각한
문제해결 방법

욕망
의식적·무의식적 문제 인식

솔루션

고객
조직이 기여하고자 하는 시장의 고객들

생산
문제를 해결하는 새로운 도구들

는 시장의 고객들을 특정한 뒤 의식적·무의식적 문제를 인식하고 파악합니다. 그런 다음 그들은 이러한 문제를 해결하는 것을 자신들의 목적인 미션으로 삼습니다. 그리고 이러한 문제를 해결하기 위한 새로운 도구들을 만들어냅니다. 그렇게 해서 조직이 기여하고자 하는 시장의 소비자들의 문제를 해결해 줍니다. 실리콘밸리의 기업들은 그렇게 고객들의 필요를 채워줌으로써 지속적으로 생존하고 발전하고 있는 것입니다. 이것이 전체 최적화 관점에서 사업을 하는 실리콘밸리의 기업들의 일하는 방식입니다.

이렇게 정의된 실리콘밸리 기업들의 목적인 미션은 자신의 업을 통해 사회의 필요를 충족시켜 주려는 의미를 담고 있습니다. 기업 몇 개를 사례로 들어보겠습니다. 애플의 미션은 '인류의 진보를 가져오는 똑똑한 사람들이 편하게 쓸 수 있는 도구를 만드는 것'입니다. 그렇게 해서 만들어낸 것이 아이폰, 아이패드, 맥북 등입니다. 일론 머스크의 테슬라의 미션은 '지속가능한 에너지로의 전 지구적 전환을 가속화한다.'는 것입니다. 테슬라의 전기자동차는 자동차 시장에서 경쟁해서 이기려는 목적이 아닌 에너지 문제를 해결하겠다는 목적을 가지고 만든 것입니다. 일론 머스크는 에너지 문제를 해결하기 위해 태양력 발전을 하는 솔라시티를 만들었고 지구의 에너지 고갈 시 화성으로 이주할 수 있도록 스페이스엑스를 통해 우주 산업에도 뛰어들었습니다. 이외에도 에어비앤비는 '낯선 도시에서 우리 집을 만나게 하겠다.', 우버는 '교통수단을 수돗물처럼 어디에서 누구나 쓸 수 있게 하겠다.', 구글은 '세상의 정보를 조직하여 모든 사람이 접근하고 활용할 수 있도록 하겠다.'와 같이 기업의 목적을 정의하고 그 목적을 달성하기 위해 노력하고 있습니다.[*]

우리나라 기업들은 이윤창출이라는 하나의 목적을 위해 일하는데 과연 이들과 경쟁이 될까요? 저는 어려울 것이라고 생각합니다. 하지만 그럼에도 불구하고 글로벌하게 경쟁력을 갖춘 기업들이 몇

---

[*] 인터넷 검색 참조: 생존하는 회사 vs. 미션을 이루어가는 회사

몇 있습니다. 그래서 그런 기업들이 왜 그런 경쟁력을 갖출 수 있게 되었는지를 시스템 관점에서 한번 분석해 보았습니다. 국내를 대표하는 두 개의 그룹을 비교해서 어떤 그룹이 어떤 시스템 구조를 가지고 글로벌 경쟁력을 갖추게 되었는지, 그에 비해 어떤 그룹은 왜 그러한 경쟁력을 갖추지 못하고 있는지에 대해 말씀드려 보겠습니다.

편의상 A그룹과 B그룹이라고 지칭하여 시스템 구조가 어떻게 경쟁력에 영향을 미치는지에 대해 말씀드리겠습니다. 시스템 관점에서 이렇게 볼 수도 있구나 하는 정도로 이해해 주셨으면 좋겠습니다. A그룹이나 B그룹 모두 선진기업들이 이루어놓은 혁신을 빠르게 확산시키는 패스트 팔로어Fast Follower로서 역할을 하면서 성장해 왔습니다. 그런데 A그룹이 거의 글로벌 톱의 반열에 올라가 있는 데 반해 B그룹은 그렇지 못합니다. 무슨 차이가 이러한 경쟁력의 차이를 낳았을까요? 저는 각 계열사 간 시스템 계층 구조의 차이로 설명할 수 있다고 생각합니다. B그룹은 지주회사가 각 계열사를 지배하는 구조를 가지고 있습니다. 반면에 A그룹은 주력회사가 각 계열사를 지배하는 구조로 이루어져 수익을 모두 주력회사에 몰아주는 구조로 이루어져 있습니다. 이러한 차이가 어떤 결과를 낳는지 한 번 보도록 하겠습니다.

B그룹은 지주회사가 각 계열사의 상위 시스템에 자리하고 있습

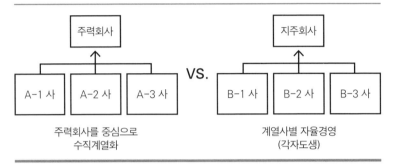

A그룹과 B그룹의 시스템 계층 구조 비교

주력회사

A-1 사 　 A-2 사 　 A-3 사

주력회사를 중심으로
수직계열화

VS.

지주회사

B-1 사 　 B-2 사 　 B-3 사

계열사별 자율경영
(각자도생)

니다. 그래서 각 계열사가 전체 최적화 관점에서 일한다고 하면 지주회사에 이익을 가져다주기 위해 일을 하게 됩니다. 지주회사의 평가 결과에 따라 각 계열사 임원진의 거취가 결정되기 때문에 더욱 그렇게 할 수밖에 없습니다. 각 계열사는 모두 지주회사로부터 같은 평가기준으로 평가받기 때문에 각각 자기 회사의 이윤을 창출하여 지주회사의 이익을 극대화하기 위해 최선의 노력을 다합니다. 다른 회사의 입장을 봐줄 수도 없는 입장입니다. 그렇게 되면 B그룹의 각 계열사는 자기 회사의 이윤창출을 위해 사업하게 되고 결과적으로 각 계열사 간에 경쟁적인 관계가 될 수밖에 없습니다. 즉 부분 최적화 관점에서 일을 할 수밖에 없는 구조가 되는 것이지요. 각 계열사는 모두 지주회사의 평가를 잘 받기 위해 일을 하는데요. 그 결과 각자 자기 회사의 이윤창출만을 위해서 일을 하게 됨으로써 B그룹 전체적으로는 오히려 시너지를 내지 못하는 부분 최적화 구조가 되고 마는 것입니다.

이에 반해서 A그룹은 각 계열사의 상위 시스템에 주력회사가 자리하고 있습니다. 그렇게 해서 모든 계열사가 주력회사의 이익을 위해 일하는 구조가 만들어집니다. 각 계열사가 허리띠를 졸라맨 결과는 주력회사에 모두 쌓이게 됩니다. 주력회사에 거대한 저수지를 형성해서 온 계열사에서 만들어낸 이윤을 끌어모읍니다. 이렇게 축적된 이윤을 가지고 주력회사는 전 세계의 유통채널을 장악합니다. 인센티브 제도 등을 통해 전 세계의 모든 유통채널이 주력회사를 위해 일하게 만듭니다. 이렇게 유통채널에 인센티브를 제공하면 유통채널의 입장에서는 B그룹의 제품을 팔면 아무런 보상이 주어지지 않지만 A그룹의 제품을 팔면 인센티브라는 보상이 주어지기 때문에 고객이 특별하게 요구하지 않는 한 적극적으로 A그룹의 제품을 권유하게 될 것입니다. 제 생각에는 이것이 A그룹이 글로벌하게 경쟁력을 갖춘 비결 중의 하나가 아닐까 생각합니다. 이처럼 주력회사를 정점으로 하는 A그룹의 전체 최적화 구조가 성장에 큰 역할을 했을 것이라고 생각합니다.

이와 같이 일부 그룹은 수직계열화된 그룹사의 전체 최적화 구조를 기반으로 글로벌 경쟁력을 갖출 수 있었습니다. 그런데 앞으로도 이런 구조로 지속적인 성장이 가능할까요? 오프라인을 장악한 유통채널이 이제는 온라인 채널로 전환되고 있습니다. 이러한 변화의 시기에 국내 기업들이 패스트 팔로어가 아니라 퍼스트 무버로서 지속적인 성장을 이어나가기 위해서는 이윤창출과는 다른 사회가 필요로 하는 것, 즉 사람들이 가치 있게 여기는 것을 충족시켜 주겠다고 하는 목적을 정해야 한다고 생각합니다. 그리고 그 목적에 적합한 방식으로 사업을 추진해야 한다고 생각합니다. 각 기업의 상위 시스템의 자리에 고객들을 포함한 사회 구성원들을 올려 놓아야 한다고 생각합니다. 그렇게 할 때만이 각 기업이 추구하는 목적에 동의하고 지지하는 팬들이 생기게 되고 이러한 팬들의 지지를 기반으로 지속적인 성장을 이룰 수 있기 때문입니다.

　우리나라 기업들이 이윤창출을 기업의 목적으로 하고 있는 상황은 그 구성원들에게도 큰 영향을 미친다고 생각합니다. 만약에 기업이 이윤창출을 목적으로 한다면 그 구성원들은 무엇을 위해 일하는 것일까요? 기업의 이윤창출을 위해 일하는 것이 됩니다. 그렇다면 그 기업의 구성원들은 어떤 마음으로 일하게 될까요? 기업이 이윤창출이라는 부분 최적화 관점에서 사업을 하고 있는데 구성원들은 전체 최적화 관점에서 일하고자 할까요? 그 구성원들 또한 자신의 일에서 어떤 의미를 느끼지 못하고 결국 자신의 이익이나 챙기자 하는 부분 최적화 관점에서 일하게 되지는 않을까요? 한국에서 사업을 하든 직장생활을 하든 일에서 행복을 찾지 못하는 이유 중의 하나가 이것이 아닐까 생각합니다.

우리 기업들이 먼저 상위 시스템인 사회의 유지 발전을 위해 기업의 목적을 정립하고 전체 최적화 관점에서 사업을 해나갈 때 각 구성원도 사회의 일원으로서 사회에 필요한 가치를 제공하고 있다는 자부심을 가지고 자신의 일에서 의미를 느끼며 전체 최적화 관점에서 일하게 되지 않을까 생각합니다. 이렇게 되었을 때 사회와 기업과 그 구성원들이 모두 행복한 사회가 될 수 있을 것이라 생각합니다.

4

시스템이 어떻게 운영되는지 알아야 지속가능해진다

시스템을 통해 우리가 원하는 목적을 달성하게 하기 위해서는 시스템이 어떻게 운영되는지를 알아야 합니다. 이번 장에서는 시스템의 운영구조를 말씀드리고 이 운영구조를 통해 우리가 원하는 것을 이루어나가기 위해서 가장 중요한 것이 무엇인지를 말씀드리도록 하겠습니다.

시스템은 구성요소를 투입해서 프로세스라는 변환 과정을 통해 목적에 해당하는 산출을 만들어냅니다. 그리고 피드백 과정을 거쳐 다시 산출을 투입으로 전환해 지속적으로 목적인 산출을 만들어나가는 구조로 운영됩니다. 이 과정은 인과관계의 순환구조로 이루어지며 이러한 순환과정을 통해 시스템은 지속적으로 유지될 수

시스템의 운영구조

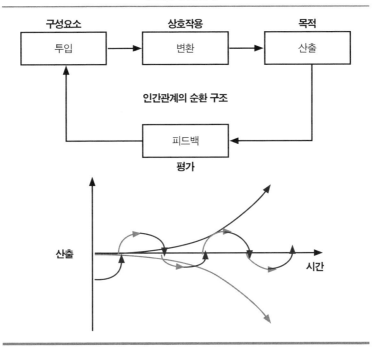

있습니다. 이러한 시스템은 순환과정이 지속됨에 따라 산출이 변화하게 됩니다. 만약 5를 인풋으로 하여 변환 과정을 통해 4가 만들어지고 다시 4가 피드백되어 인풋으로 들어가 변환 과정을 통해 3이 만들어지고, 다시 3이 피드백되어 인풋으로 들어가 변환 과정을 통해 2가 만들어지는 경우에는 시스템의 산출이 지속적으로 하락하는 악순환 구조를 가지고 있다고 볼 수 있습니다. 반면에 5를 인풋으로 하여 변환 과정을 통해 6이 만들어지고 다시 6이 피드백

되어 인풋으로 들어가 변환 과정을 통해 7이 만들어지는 경우에는 시스템의 산출이 지속적으로 상승하는 선순환 구조를 가지고 있다고 볼 수 있습니다. 우리가 바라는 것은 5가 인풋이 되어 6을 만들어내는 선순환 구조입니다. 그렇다면 5가 4가 되고 4가 3이 되는 악순환 구조에서 5가 6이 되고 6이 7이 되는 선순환 구조로 바꾸어나가기 위해 가장 중요한 요소가 무엇일까요?

혹자는 변환 과정이 가장 중요하다고 이야기합니다. 물론 이 시스템이 한 번 작동하고 말 것이라면 변환 과정이 가장 중요할 수 있습니다. 그런데 이 시스템이 한 번으로 끝나는 것이 아니라 지속된다고 했을 때 가장 중요한 요소는 피드백 과정입니다. 5가 4가 되었다고 한다면 피드백 과정을 통해 왜 5를 투입했는데 4가 나왔을까를 검토해볼 수 있습니다. 인풋에 문제가 있었는지, 변환 과정에 문제가 있었는지, 아니면 산출이 고객의 요구에 맞지 않았는지 등을 파악하여 개선함으로써 5가 4가 되지 않고 5가 6이 되는 구조를 만들어낼 수 있습니다. 이것이 피드백 과정이 갖는 중요한 의미입니다.

그런데 우리 기업이나 개인들이 가장 소홀히 대하는 게 바로 피드백 과정입니다. 어떤 작업을 한 후 바로 결과를 확인하여 결과가 목표와 어떤 차이가 있는지 확인하고 개선하는 과정을 통해 원하는 결과를 얻을 수 있도록 지속적으로 개선하는 데 초점을 맞추게 하는 것이 피드백 과정의 역할입니다. 그런데 이 과정을 제대로 수행하지 못하는 게 현실입니다. 이와 같이 피드백 과정이 제대로 작동되지 않으면 어제와 같은 오늘 그리고 오늘과 같은 내일을 맞이할 수밖에 없습니다. 당연하게도 일이 재미가 없고 하루하루가 지겹게 느껴질 수밖에 없습니다.

이러한 현실을 탈피하기 위해서는 매번 작업할 때마다 결과물을 바로 확인하고 피드백하는 과정을 통해 목표를 달성했는지, 달성하지 못했다면 원인은 무엇인지, 어떻게 하면 개선할 수 있는지 등에 대해 고민하고 해결책을 찾는 과정을 만들어주어야 합니다. 그렇게 되면 매번 작업할 때마다 목표가 주어지고 매번 작업이 끝날 때마다 목표 달성 여부를 바로 확인할 수 있어 일도 재미가 있고, 또한 개선함으로써 성과도 향상되는 일석이조의 효과를 얻을 수 있습니다.

이렇게 성공한 사례가 있습니다. 바로 류현진 선수의 사례입니다. 류현진 선수는 선수생활을 계속할 수 있을지 장담할 수 없는 어깨수술을 받았습니다. 그는 어깨수술을 받고 선수로 복귀하면서 한 가지 변화를 주었다고 합니다. 그러한 변화로 인해 현재 연승을 거듭하고 있습니다. 류현진 선수의 글 「어깨 수술 후 나를 변화시킨 중요한 한 가지」를 보면 수술받은 후에 이전과 같은 투구를 할 수 없을 것이라는 두려움 때문에 다른 경쟁력을 갖출 필요성을 느끼고 변화를 꾀했다고 합니다.

류 선수는 수술받기 이전에는 '감'에 의존하는 투구를 했다고 합니다. 그런데 수술받은 이후에는 '감'보다는 타자에 대한 전력분석실의 '데이터'를 기반으로 어떻게 승부할 것인지에 대해 계획을 세워서 투구를 했다고 합니다. 처음에는 전력분석실의 자료만 가지고 타자에 대한 대응책을 마련했습니다. 그런데 조금 지나서는 전력분석실의 자료를 참조하는 것과 함께 자기 스스로 타자의 영상자료를 분석해 가면서 연구하고 대응 플랜을 마련했다고 합니다.

그리고 이렇게 마련된 계획을 코치 앞에서 발표하는 시간을 가졌는데 그때가 매우 재미있었다고 합니다. 이러한 시스템을 갖추고 나니 매번 경기에 임할 때마다 타자를 연구해 계획을 만들고 코치 앞에서 발표하고 경기에 임해서는 계획대로 타자를 상대해서 이기는 투구를 할 수 있었습니다. 그리고 매번 투구 이후에는 다시 타자의 반응을 살펴보고 리뷰한 내용을 기록하고 다시 다음에 어떻게 할지에 대해 계획을 세우는 과정을 반복했다고 합니다.

이러한 시스템이 구축되니까 매번 경기를 할 때마다 재미를 느낄 수 있었고 지속적으로 좋은 성적을 낼 수 있었다고 합니다. 그렇게 되니까 감독님도 류 선수를 믿어줘서 불안한 모습을 보이더라도 던지고 싶다고 하면 계속 던질 수 있도록 배려해주었다고 합니다. 이전에는 불안한 모습을 보이면 바로 교체를 했는데요, 류 선수가 믿음직스러운 시스템을 갖추고 투구를 안정적으로 할 수 있다는 것을 보여주니까 믿어준 것입니다.

조직이 아닌 개인이라도 일에 임하기 전에 일이 되는 구조를 이해하고 일이 되는 구조를 만들어 실행하고 다시 피드백을 통해 지속적으로 개선해 나간다면 류현진 선수와 같이 날마다 승리하고 나날이 성장하는 인생을 살아갈 수 있을 것입니다. 이렇게 피드백을 통해 성과를 확인하고 성과를 개선하기 위해 노력히러면 무엇을 성과로 볼 것인가를 결정하는 것이 중요합니다. 다음 장에서는 무엇을 성과로 볼 것인가에 대해 말씀드리도록 하겠습니다.

5

어떻게 탁월한 성과를 내면서 지속성장할 것인가

탁월한 성과를 내면서 지속적으로 성장하는 기업이 되기 위해서는 무엇을 성과로 볼 것이냐, 즉 어떤 성과에 초점을 맞출 것이냐가 중요한 요소가 됩니다. 이번 장에서는 이에 대해 말씀드리겠습니다.

시스템의 성과에는 크게 효과성과 효율성이 있습니다. 효과성은 목적 또는 목표를 달성하는 데 도움이 되는 것이냐를 따지는 것입니다. 목적 달성에 도움이 되면 해야 하는 일이 되고 그렇지 않으면 해서는 안 되는 일이 됩니다. 효율성은 목적이나 목표와는 무관하게 투입 대비 산출을 높게 할 수 있느냐를 따지는 것입니다. 투입 대비 산출이 높으면 효율이 좋은 것이고 낮으면 효율이 나쁜 것입니다.

시스템의 성과

	효과적	효율적
정의	• 목적 또는 목표를 달성하는 것 올바른 일을 하다Do the right thing.	• 투입 대비 산출을 높게 하는 것 일을 올바르게 하다Do things right.
질문	• 목적 달성에 필요한 일인가?	• 이렇게 하면 효율이 높아지는가?
관점	• 고객 혜택: 가치 > 가격	• 회사 혜택: 가격 > 비용
평가기준	• 적합성: 납기준수, 품질보증	• 경제성: 생산성 향상, 원가절감
위상	• 전략	• 전술

　효과성에서 중요한 것은 목적이 무엇이고 그 목적을 달성하기 위해서 반드시 해야 할 일이 무엇인가를 정하는 것입니다. 따라서 효과성을 따지기 위해서는 먼저 목적부터 명확하게 정해야 합니다. 기업의 목적은 앞에서 말씀드렸듯이 상위 시스템인 사회와의 관계에서 기업이 사회, 구체적으로는 기업이 타깃으로 하는 시장의 소비자들에게 어떤 가치를 제공할 것인지를 정하는 것입니다. 따라서 효과성은 고객의 혜택, 즉 가치를 증진시키는 것에 초점을 맞추게 됩니다. 그렇기 때문에 효과성의 평가기준은 고객 혜택을 높이는 요소인 납기준수나 품질보증과 같은 것이 될 수 있습니다.

　효율성에서 중요한 것은 어떻게 하면 인풋 대비 아웃풋을 높일 것인가 하는 운영 효율성에 초점을 맞추는 것입니다. 효율성을 추구하는 것은 회사 혜택, 즉 내부 이윤을 높인다는 것입니다. 그렇기 때문에 효율성의 평가기준은 생산성 향상이나 원가절감이 됩니다. 이 또한 기업이 지속 가능한 조직이 되기 위해서는 아주 중요한 성과로 볼 수 있습니다. 우리나라 기업의 경우 목적이 이윤창출이기 때문에 사실상 효율성 위주로 성과가 정의되고 운영됩니다. 그래서 거의 모든 기업이 생산성 향상과 원가절감에 목매달고 있는 것입니다. 우선 살고 보자는 것이 우리나라 기업의 모토가 되어 있습니다.

이러한 두 가지 성과가 있다고 할 때 어떤 경우에 문제가 발생할까요? 회사가 살아남기 위해서 효율성을 추구하면서 고객의 혜택인 효과성을 저해하는 경우에 문제가 발생합니다. 앞에서 말씀드린 부분 최적화를 하는 것이 문제가 되는 것입니다. 그렇게 되면 어떤 결과를 가져오게 될까요? 고객이 원하는 것을 원하는 때에 원하는 형태로 제공할 수 없는 경우가 빈번하게 발생하게 됩니다. 그러면 고객의 기대를 충족시키지 못하게 되고 장기적으로 회사가 고객으로부터 신뢰를 잃게 되어 결국 경쟁력을 잃고 시장에서 퇴출될 수밖에 없게 됩니다.

이를 방지하기 위해서는 어떻게 해야 할까요? 먼저 고객에게 어떤 가치를 제공할 것인지, 즉 기업의 목적부터 명확하게 정하고 효과성을 측정할 수 있는 요소를 정의하고 그 요소에 따라 성과를 측정해서 지속적으로 개선해 나가는 것이 필수적입니다. 다음으로 이러한 효과성이 명확하게 지켜지는 선에서 효율성을 추구해야 합니다. 즉 효과적인 일을 효율적으로 수행할 수 있는 성과관리체계를 갖추어나가는 것이 필요하다는 것입니다.

한 가지 더 주목해 봐야 할 것은 이렇게 효과성을 중심으로 성과를 관리해나가는 경우에는 효율성도 같이 개선된다는 점입니다. 만약에 효과성 지표인 납기 준수를 하지 못하면 무슨 일이 발생할까요? 추가적인 비용이 발생합니다. 그리고 품질에 문제가 생기면 무슨 일이 발생할까요? 역시 추가적인 비용이 발생합니다. 이러한 추가적인 비용의 발생은 기업의 효율성을 심대하게 저해하게 됩니다. 기업이 어려워지는 것은 효율성이 떨어지기 때문이라기보다는 고객이 원하는 품질의 제품을 고객이 원하는 납기에 제공할 수 있는 효과성을 제대로 구현하지 못하기 때문입니다. 따라서 효율성을 높이는 방법으로 가장 효과적인 것은 효율성에 초점을 맞추기보다는 효과적으로 목적을 달성할 수 있는 구조를 만듦으로써 저절로 효율성이 달성되게 하는 방법을 구사하는 것이라고 생각합니다.

이와 반대로 효율성 지표 중심의 관리는 효과성에 심대한 타격을 줄 수 있습니다. 우리나라 기업들의 일하는 모습을 보면 대체로 효율성 중심의 관리가 이루어지고 있습니다. 어떤 것을 할 것인지 말 것인지를 판단할 때 가장 먼저 하는 말이 무엇인가요? "이게 고객에게 도움이 되느냐, 안 되느냐"가 아니라 "이게 돈이 되느냐, 안 되느냐"입니다. 고객에게 도움이 되더라도 돈이 되지 않으면 우선순위에서 빠집니다. 그 결과는 무엇인가요? 고객들에게는 불편할 수 있지만 회사의 효율성을 높이는 방향으로 시스템이 만들어지는 것입니다.

사례를 하나 들어보겠습니다. 예전에 제가 어느 병원에서 자문을 할 때입니다. 그때 고객관리부서의 역할은 고객이 클레임을 걸려고 방문하면 어떻게든지 설득해서 병원에 피해가 최소화되도록 하는 것이었습니다. 그러다 보니 고객관리부서에 근무하는 상담원들은 매일매일이 전쟁이었습니다. 고객들이 방문하면 바로 전투모드로 자세를 갖추고 고객이 뭐라고 하면 바로 반격을 해서 고객이 제기하는 문제는 회사의 잘못이 아니라 고객의 잘못이라는 것을 인정하도록 설득하는 방식으로 업무를 수행합니다.

그러면 그 고객은 면전에서는 아무 소리 못하고 돌아갈 수밖에 없지만 억울함이 풀리지 않기 때문에 바로 온라인 커뮤니티 같은 곳에 불만의 글을 올리고 동조자들이 많아지면 바로 의료분쟁위원회에 제소를 합니다. 그러면 병원의 평판은 평판대로 나빠지고 의료분쟁위원회에 대응해야 하는 등 시달리게 됩니다. 이렇게 되면 병원에 심대한 타격이 오기 때문에 온라인 커뮤니티에서 글을 내려달라는 조건으로 고객이 원하는 것을 해줘야 하는 상황이 됩니다. 그러면 고객은 이미 병원에 대한 악감정이 쌓여 있기 때문에 무리한 조건을 내걸게 되고 결국 병원은 호미로 막을 것을 가래로 막아야 하는 상황에 빠지게 됩니다. 회사의 이익을 위해 고객의 이익을 침해하는 경우 발생할 수 있는 문제입니다.

자문을 하는 과정에서 병원의 경영 방향과 운영원칙을 변경하게 되었습니다. 병원의 경영 방향을 병원의 수익을 높이는 것에서 환자들의 혜택을 높이는 방향으로 변경했고 운영원칙 또한 그러한 방향으로 변경했습니다. 그중에 한 가지 운영원칙으로 '애매한 경우에는 고객에게 유리하게 해석하자.'라는 것을 추가했습니다. 그 결과 이제는 고객관리부서의 역할이 고객을 설득해서 병원의 피해를 최소화하는 것이 아니라 환자의 입장에서 필요한 것이 무엇인지를 찾아서 해결해 주는 방향으로 전환되었습니다.

그러자 환자가 방문했을 때 대하는 방법부터 바뀌었습니다. 과거에는 고객을 어떻게 하면 설득할 수 있을까 하는 대결 모드 관점에서 대했습니다. 그런데 이제는 환자의 입장에서 환자의 지금 심정은 어떤 상태일까 하는 공감 모드 관점으로 바뀌었습니다. 환자가 얼마나 화가 났으면 이렇게 방문했을까 하는 관점에서 충분히 들어주면서 공감해주고 그래서 지금 이 환자에게 필요한 것이 무엇일까를 찾아서 해결방안을 제시하는 방향으로 바뀌었습니다. 그러자 환자들도 무리한 요구를 하지 않고 서로에게 도움이 되는 방향으로 문제를 해결하고자 했습니다. 그 결과 병원의 평판은 다시 좋아졌고 병원의 부담을 최소화하는 방향으로 문제가 해결되었습니다.

예전에는 회사의 이익을 중시하는 효율성 위주의 정책이었다면 이제는 고객의 이익을 중시하는 효과성 위주의 정책을 통해 고객도 만족하고 회사가 부담해야 하는 비용도 줄어드는 일거양득의 효과를 보았던 것입니다. 이러한 점에서 성과관리의 우선순위를 먼저 효과성 중심의 관리지표를 관리해나가면서 효과성 지표가 지켜지는 범위 내에서 효율성 지표를 관리하는 것이 바람직하다고 생각합니다. 특히나 우리나라는 이윤창출이라고 하는 효율성 지표 중심으로 운영되기 때문에 하루빨리 효과성 중심의 성과지표관리가 우선이 될 수 있도록 구조를 변화시키는 것이 필요하다고 생각합니다.

한 가지 더 생각해 볼 것이 있는데요. 원가절감이나 생산성 향상과 같은 효율성 지표라도 고객에게 혜택을 제공하기 위한 목적이라면 효과성 지표가 될 수 있다는 것입니다. 즉 원가절감이 회사의 수익 증대를 위한 것뿐만 아니라 고객에게 저렴한 제품을 제공하기 위한 목적에서 추진하는 것이라면 효과성 지표와 같은 효과를 발휘할 수 있다는 것입니다.

사례를 들어 설명해보겠습니다. 마부치모터는 일본의 소형모터 전문기업으로 1946년에 소형전기모터를 개발하는 연구소로 출발했습니다. 이러한 마부치모터가 본격적으로 성장하게 된 계기

효율성 → 효과성 전환 사례: 마부치모터

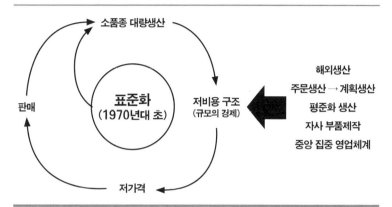

마부치모터는 완구 모형, 정밀사무기기, 가구 공구, 전기전자 자동차 전장품 등에 들어가는 소형모터 세계 시장의 50%를 차지하고 있다. 마부치모터가 없으면 초소형 가전제품이 생산될 수 없다. 컴퓨터용 주변기기, 복사기, 카메라, 헤어드라이기, 전기면도기, 전동공구에도 마부치모터는 생명선이다. 내로라하는 제조업들이 거꾸로 마부치모터의 눈치를 살피고 있다. (출처: 한국경제매거진 2006년도 자료)

는 '대량생산으로 저비용구조를 만들어 고객들에게 저가로 공급한다.'라는 전략하에 '표준화'를 핵심 경쟁력으로 결정한 1970년대 초반 이후였습니다.

마부치모터는 '표준화 → 대량생산 → 규모의 경제 → 저비용 구조 → 저가격'이라고 하는 선순환 구조를 만든 이후 급격한 성장을 이룰 수 있었습니다. 이러한 저비용 구조는 효율성을 극대화해 회사의 수익을 증대시키는 차원을 넘어서 '저가격'이라는 고객혜택을 증대시키는 효과성을 강화하는 방향으로 작용해 기업 성장의 원동력이 되었습니다. 즉 효율성 증대가 효과성 증대로 전환함으로써 지속적인 성장 구조를 만들어낼 수 있었던 것입니다.

이러한 '표준화' 결정은 완구회사와 같은 고객들이 먼저 제품설계를 하고 이에 맞게 모터를 제작해서 공급해달라는 요구에 따라 맞춤형 주문생산을 하는 것이 관행이었던 1970년대에는 굉장히 위험이 큰 결정이었습니다. 당시 영업담당자들은 모두 우리 회사의 표준제품을 사줄 완구회사는 없을 것이라며 엄청난 반발을 했습니다. 그런데 이러한 반발에도 불구하고 표준화를 감행한 데는 주문생산으로 인한 폐해가 너무 크다는 인식이 있었기 때문입니다.

일단 성수기와 비수기가 명확했습니다. 그러면 성수기 때는 많은 인력이 필요하고 비수기 때는 소수의 인력만 있으면 되었습니다. 그래서 숙련된 인력은 소수로만 유지하고 나머지는 아르바이트와 같은 임시인력을 활용할 수밖에 없었습니다. 그러면 문제가 생깁니다. 고객의 주문에 맞추어 섬세한 기술이 필요한 제품을 생산해야 하는데 인력들의 숙련도가 제각각이어서 제품의 품질이 들쭉날쭉했습니다. 그러한 문제로 인해 비용도 많이 들고 품질을 일정하게 유지하기도 어렵고 납기 또한 맞추기가 어려웠습니다. 이러한 것들은 모두 고객에게 피해가 돌아가는 결과로 나타났습니다. 즉 효과성에 심각한 문제를 가져왔던 것입니다.

그래서 '표준화'를 통한 계획생산만이 이러한 문제들을 해결할 수 있는 답이라는 것을 확신하고 과감하게 결정했습니다. 표준화를 하자 많은 부분이 개선되었습니다. 일단 제품은 표준화된 소품종만 집중적으로 생산하면 되었습니다. 그러자 대량생산이 가능해졌고 규모의 경제를 이룰 수 있었습니다. 규모의 경제는 저비용 구조를 만들어냈습니다. 표준화를 통한 저비용 구조는 대량생산에 의한 규모의 경제로 끝나지 않았습니다. 표준화는 상대적으로 관리 포인트가 적어서 숙련도가 낮은 인력도 매뉴얼에 기반한 약간의 교육만으로도 일정한 수준의 품질의 제품을 만들어낼 수 있었습니다.

그러자 임금 수준이 낮은 해외로의 생산공장 이전이 가능해졌습니다. 그래서 베트남의 한적한 시골마을로 공장을 이전했습니다. 그 시골마을 사람들은 먹고살 수 있는 기반이 마부치모터 하나밖에 없었기 때문에 이직도 하지 않았습니다. 그러자 직원들의 숙련도는 높아졌고 지속적으로 안정된 품질의 제품을 만들어낼 수 있었습니다. 또한 표준화로 계획생산이 가능해졌습니다. 같은 제품을 비수기에 생산해 성수기에 팔 수 있었기 때문에 인력을 안정적으로 유지할 수 있었습니다. 그러다 보니 직원들의 숙련도는 더욱 높아질 수 있었습니다.

이처럼 표준화는 소품종 대량생산이라는 저비용 구조도 만들었을 뿐만 아니라 안정적인 품질과 정확한 납기까지 가능하게 해주어서 고객이 원하는 품질의 제품을 고객이 원하는 저렴한 가격에 고객이 원할 때는 언제라도 공급받을 수 있는 구조를 만들어냈던 것입니다. 이것이 바로 효율성 추구를 통한 효과성 충족의 사례입니다. 여기서 한 가지 주목할 점은 이 기업 경영자들의 출발점이 효율성 추구라기보다는 효과성 추구였다는 것입니다. 즉 효과성 추구의 관점인 고객혜택 증대의 관점에서 그 수단으로 효율성을 추구했다는 것입니다. 이러한 노력의 결과 이 회사는 2006년 기준으로는 세계 소형모터 시장의 50%를 차지했고 2019년 기준으로는 세계 소형모터 시장의 70%의 점유율을 가져갈 수 있었습니다.

마부치모터에 대한 일화로 전기 면도기 업체인 브라운사와의 거래과정에서 있었던 일을 잠깐 소개해 드리겠습니다. 브라운사는 전기 면도기 시장의 경쟁이 치열해지자 1만 4,000원이 넘는 모터가격이 부담스러워 공급업체를 변경하고자 마부치모터에 표준품이 아닌 별도 모터를 만들어줄 수 있는지 의향을 타진했습니다. 그러자 마부치모터는 이를 거절하면서 대신 자신들의 표준품을 사용하면 저렴하게 제공할 수 있다고 했습니다. 브라운사에서 마부치모터의 표준품을 자신들의 제품에 적용해 테스트해보니까 쓸 만했습니다. 그래서 브라운사에서는 마부치모터에게 1만 원에 공급한다면 고려해 보겠다고 했습니다. 그러니까 마부치모터에서 1,000원대에 공급할 수 있다고 했습니다. 열 배 가까이 원가가 절약되는데 계약하지 않을 이유가 있을까요?

지금까지 시스템의 기본 개념에 대해서 알아보았습니다. 이제부터는 이러한 시스템을 효과적으로 구현하기 위해서 알아야 할 것들을 배워보도록 하겠습니다.

2장

어떻게 시스템을
구축할 것인가

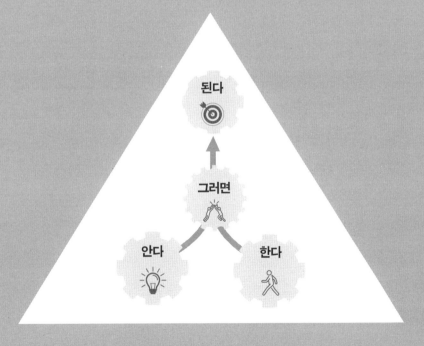

1

어떻게 시스템을 통해
시너지 효과를 낼 것인가

우리가 시스템을 구축하여 원하는 결과를 얻을 수 있으려면 먼저 알아야 할 것들이 있습니다. 그다음 시스템 구축방안에 대해 말씀드리도록 하겠습니다.

우리가 시스템을 통해 얻으려고 하는 것은 결국 시스템을 활용하여 시너지를 내는 것입니다. 시너지는 1+1=2+α, 즉 하나 더하기 하나를 해서 둘 이상의 효과를 얻는 것을 말합니다. 시너지를 말할 때 가장 많이 드는 사례가 시장이라는 시스템입니다. 만약 각 마을에 중고서적이 하나씩 있을 때 하루에 팔 수 있는 책이 평균 10권 안팎이었다면 동대문 헌책방 거리와 같은 헌책방 시장에서는 하루에 팔 수 있는 책이 평균 100권 정도 된다는 것이 시장이라는 시스

시너지 효과 사례

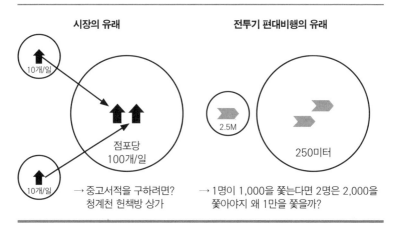

시장의 유래

10개/일

점포당
100개/일

10개/일

→ 중고서적을 구하려면?
청계천 헌책방 상가

전투기 편대비행의 유래

2.5M

250미터

→ 1명이 1,000을 쫓는다면 2명은 2,000을
쫓아야지 왜 1만을 쫓을까?

템이 갖는 시너지입니다.

비슷한 사례로 전투기 편대비행의 유래를 들 수 있습니다. 전투기 편대비행은 스페인 내전에서 독일군 장교의 아이디어로 탄생했다고 합니다. 스페인 내전에 파견된 독일군 전투기 조종사가 어느 날 『성경』을 읽는데 「신명기」에 '한 사람이 천을 쫓고 두 사람이 만을 쫓을 것입니다.'라는 구절이 있었다고 합니다. 이 구절을 읽으면서 '한 사람이 1,000을 쫓는다면 두 사람이면 2,000을 쫓아야지 왜 1만을 쫓을까?' 하는 궁금증이 생겼다고 합니다. 그래서 전투를 하면서 실험을 해보았다고 합니다. 한 명씩 공중전을 벌일 때는 2.5미터 거리에 있는 비행기를 모두 격추시킬 수 있었습니다. 그런데 두 명이 짝을 이루어 공중전을 벌이자 시야가 탁 트이면서 250미터

전방에 있는 비행기까지 격추시킬 수 있게 되었다고 합니다. 이것이 바로 시너지 효과입니다.

그런데 시스템을 만든다고 모두 시너지 효과가 나는 것은 아닙니다. 시너지와는 반대로 $1+1=2-\alpha$, 즉 하나 더하기 하나를 해서 둘이 나는 것이 아니라 둘보다 더 적은 효과를 내기도 합니다. 이것을 링겔만 효과라고 합니다. 링겔만 효과는 유럽(독일 또는 프랑스)의 농업공학자이자 심리학자인 링겔만이 줄다리기 실험을 통해 밝혀낸 효과입니다.

1913년에 링겔만은 줄다리기에서 한 사람씩 사람을 추가해 나갔을 때 어느 정도의 힘을 내는지를 알기 위한 실험을 했습니다. 한 사람이 내는 힘을 100이라고 했을 때 두 사람을 줄다리기를 시켰

링겔만 효과

	기대치	결과치	
1	100	100	100/인당
2	200	186	**93**/인당
3	300	255	**85**/인당
4	800	392	**49**/인당

1913년 유럽의 농업공학자이자 심리학자인 링겔만은 줄다리기를 통해 집단에 속해 있는 개인들의 공헌도 변화를 측정하는 실험을 한다.

더니 그 둘이 내는 힘의 합이 186으로 나왔습니다. 이는 1인당으로 보면 93에 해당하는 힘이었습니다. 한 사람이 내는 힘보다는 두 사람이 내는 힘의 평균이 오히려 낮아졌습니다. 이것을 늘려나갈수록 한 사람이 내는 평균적인 힘이 줄어들었고 8명까지 투입해 봤더니 1인당 평균 49의 힘으로 절반이 넘게 떨어졌습니다. 왜 이런 일이 벌어졌을까요? 여러 사람이 참여하니까 나 하나쯤 힘을 덜 써도 되겠지 하는 무임승차 심리가 작동한 결과라고 보여집니다.

이와 같이 시스템을 통해 시너지 효과를 낼 수도 있지만 반대로 링겔만 효과를 낼 수도 있는 것입니다. 우리가 원하는 것은 시스템을 통해 시너지를 내는 것이지 링겔만 효과를 내는 것은 아닐 것입니다. 그렇다면 시스템을 통해 링겔만 효과가 나타나는 것을 예방하고 시너지 효과를 내게 하려면 어떻게 해야 할까요? 이를 위해서는 결국 이러한 시스템을 활용해 시너지 효과든 링겔만 효과든 효과를 내는 사람의 특성에 대해 이해할 수 있어야 합니다.

그럼 사람의 특성에 대해 이해하는 시간을 갖도록 하겠습니다.

2

사람을 이해하려면
뇌의 구조를 알아야 한다

시스템 사고 전문가인 도넬라 H. 메도즈는 시스템을 통해 우리가 원하는 결과를 얻으려고 한다면 "복잡계의 모든 행동 가능성이 그렇듯이 어떤 구조에 어떤 행동들이 잠재되어 있고 어떤 조건이 그 행동을 드러내는지를 인식해서 가능하다면 유해한 행동을 할 확률을 줄이고 유익한 행동을 장려하는 구조와 조건으로 조정하는 것이 비결입니다."라고 말합니다.

이와 같이 우리가 시스템을 통해 원하는 결과를 얻고자 한다면 어떤 구조에 어떤 행동들이 잠재되어 있고 어떤 조건이 그 행동을 드러내게 하는지를 인식하는 것이 우선입니다. 이를 위해서 우리는 사람의 뇌 구조에 어떤 행동들이 잠재되어 있고 어떤 동기가 그

사람의 뇌 구조 이해

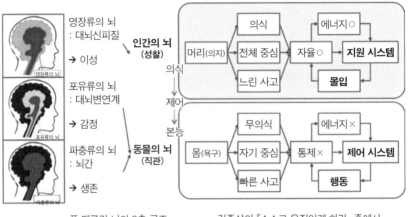

폴 매클린 뇌의 3층 구조   김종삼의 『스스로 움직이게 하라』 중에서

행동을 드러내게 하는지를 알아야 합니다. 그럼 이제부터 사람의 뇌 구조와 동기에 대해 알아보도록 하겠습니다. 먼저 뇌 구조를 살펴보도록 하겠습니다. 제가 시스템과 관련하여 뇌 구조를 이해하려고 했을 때 통찰을 준 학설이 미국의 폴 매클린이 주장한 3층 구조이론입니다. 폴 매클린에 따르면 뇌는 진화단계에 따라 파충류의 뇌, 포유류의 뇌, 그리고 영장류의 뇌로 구분된다고 합니다.

파충류의 뇌는 뇌간이라고 하며 제일 안쪽에 위치해 있어 어떤 자극이 척수에서 뇌로 전달되었을 때 제일 먼저 인식하는 뇌로 생존과 관련된 자극에 반응합니다. 따라서 이 뇌가 자극받으면 오로지 '생존 모드'만 작동합니다. 생존과 관련되어 있기에 인간의 뇌

중에 가장 강력한 힘을 가지고 있습니다. 예전에 어느 시골마을에서 어느 집에 불이 나니까 그 집에 사는 할머니가 장롱을 들고 밖으로 뛰쳐 나왔다는 기사가 난 적이 있습니다. 이와 같이 불이 났을 때 발휘되는 괴력이 바로 파충류의 뇌와 관련이 있다고 생각합니다. 파충류의 뇌는 어떤 자극이 왔을 때 나를 죽이는 것인지 살리는 것인지를 판단하고 생존 모드가 작동하면서 바로 살아남기 위한 반응을 합니다. 즉 자극이 나를 죽이려고 하는 것이라고 판단되면 바로 피하든지 싸우든지 빠르게 판단하고 행동하게 합니다.

가령 상사가 부하직원의 잘못에 고함을 치는 등의 위협하는 행위를 하면 부하직원의 뇌는 자신을 해치려는 행동으로 받아들이고 파충류의 뇌가 자극되어 생존 모드가 작동되면서 어떻게든지 그 자리를 피하려고 애쓰게 됩니다. 상사는 부하직원이 잘못을 뉘우치고 다음부터는 제대로 하기를 바라는 마음에서 한 행동이겠지만 실제로는 생존 모드만 작동하면서 부하직원의 머리가 하얗게 되어 상사가 하고자 하는 말은 머리에 들어오지 않고 오직 어떻게 하면 이 자리를 피할 수 있을까만 생각하게 만드는 것입니다. 부하직원의 뇌가 상사의 말의 의미를 제대로 이해하지도 못하게 만드는 게 목적이 아니라면 굳이 상사가 고함을 칠 이유가 있을까요? 좋지 않은 일일수록 부하직원을 안정시켜 가면서 차분하게 말하는 것이 현명한 방법이라고 생각합니다.

외부의 자극이 나를 죽이려는 것이 아님이 밝혀지면 그다음 단계의 뇌인 포유류의 뇌로 자극이 전달됩니다. 포유류의 뇌는 뇌간을 덮고 있는 뇌로 대뇌 구피질(대뇌변연계)이라고 하며 감정을 담당합니다. 따라서 포유류의 뇌가 자극을 받으면 '관계 모드'가 작동합니다. 관계 모드에서 가장 중요한 것은 적군과 아군을 구분하는 것입니다. 적군이면 어떻게 하면 싸워서 이길 것인가 하는 방향으로 모든 생각을 집중하게 되고 아군이면 어떻게 하면 함께 협력해서 공동의 목적을 달성할 것인가 하는 방향으로 모든 생각을 집중하게 됩니다.

가령 여당과 야당이 나와서 하는 토론회 같은 것을 보면 이것은 토론이 아니라 전쟁이라는 것을 알 수 있습니다. 어떻게 하면 상대방의 논리를 깨고 내 논리가 우위에 있다는 것을 증명할 것인가에만 온 신경을 집중하는 듯한 모습을 보입니다. 그러다가 외부의 적이 뭔가 도발을 해오면 그때는 한목소리로 그 외부의 적을 향해 맞서는 모습을 보입니다. 즉 포유류의 뇌가 자극을 받아 관계 모드가 작동하게 되면 적군과 아군을 구분하게 되고 적군이면 싸우고 아군이면 뭉치는 모습을 보여주는 것입니다. 이러한 점에서 우리가 무슨 일을 도모할 때는 상대방을 적군보다는 아군으로 만드는 것이 그 일을 성사시키기가 훨씬 수월하다는 것을 알 수 있습니다.

마지막 단계의 뇌는 영장류의 뇌로 대뇌 구피질을 덮고 있는 대뇌 신피질이라고 합니다. 대뇌 신피질은 이성과 도덕을 담당하는 뇌로 가장 인간적인 뇌라고 볼 수 있습니다. 영장류의 뇌가 제대로 작동하려면 이전 단계에서 적이 아니라 아군이 되어 있어야 가능합니다. 자기에게 온통 적대적인 환경에서 살아가는 사람은 생존 모드가 작동하게 되고 자신의 이익에만 집중하면서 살아가게 됩니다. 반면에 우호적인 환경이라면 이성이 발달하면서 자신이 하는 일의 성과를 최고로 나타낼 수가 있습니다. 따라서 우리가 최고의 성과를 내기를 바란다면 조직 환경을 고객이나 협력업체와의 관계나 구성원들 간의 관계 모두에서 최대한 우호적인 환경으로 만들어갈 필요가 있습니다.

시스템과 연관지어 뇌의 구조를 보면 크게 동물의 뇌와 인간의 뇌로 구분해 볼 수 있습니다. 파충류의 뇌와 포유류의 뇌를 합쳐서 동물의 뇌로 볼 수 있고 영장류의 뇌를 인간의 뇌로 볼 수 있습니다. 그렇게 보았을 때 동물의 뇌가 관장하는 부분은 사람의 하위욕구인 결핍욕구입니다. 결핍욕구는 환경이 이러한 욕구를 충족시켜 주지 못했을 때 발현하는 욕구로 생존과 안전 그리고 소속과 인정의 욕구를 말합니다. 소속 조직에서 인정을 받지 못하고 쫓겨나게 되면 생존과 안전을 보장받지 못합니다. 그래서 사람들은 어떻게든 소속 조직에서 인정을 받고자 노력하게 됩니다. 이러한 상황에서 작동하는 욕구가 바로 결핍욕구라고 볼 수 있습니다.

사람들은 동물의 뇌가 작동하면 생존 모드에 의해 본능적으로 살아남으려는 행동을 하게 됩니다. 그러한 행동은 대부분 자신의 이익을 위한 행동이 되며 조직 차원에서는 부분 최적화를 추구하는 모습을 보이게 됩니다. 그리고 이러한 행동은 본능이기 때문에 거의 무의식적으로 행동하며 직관에 따라 빠르게 작동합니다. 그리고 동물의 뇌 스스로는 통제할 수도 없고 통제하려는 노력도 하지 않기 때문에 에너지도 들어가지 않습니다. 그래서 자연스럽게 하고 싶은 대로 하게 됩니다. 그러면 조직 차원에서는 문제행동이 되기 때문에 제어가 필요합니다. 이러한 동물의 뇌를 제어하는 방법은 외부에서 제어 시스템을 통해 수행이 됩니다.

외부의 제어 시스템은 인간의 뇌가 작동하는 것일 수도 있고 외부의 통제수단이 될 수도 있습니다. 이렇게 외부의 제어 시스템을 활용해서 바람직하지 못한 행동을 하지 못하게 하고 바람직한 행동을 하도록 유도할 수가 있게 되는 것입니다. 만약 외부의 통제 시스템을 통해 동물의 뇌를 제어하는 구조를 만들어놓지 못하면 어쩔 수 없이 인간의 뇌가 동물의 뇌를 제어하기 위해 에너지를 써야 합니다. 그러면 인간의 뇌는 동물의 뇌를 제어하느라 정작 인간의 뇌가 해야 할 일을 하지 못하게 됩니다. 그러면 인간의 뇌를 통해 성과를 내야 하는 업무에서는 성과를 내지 못하는 상황이 발생할 수 있습니다. 따라서 인간의 뇌가 해야 할 일에 집중하도록 하기 위해서는 외부의 통제 시스템을 통해 동물의 뇌를 제어하는 것이 바람직하다고 할 수 있습니다.

인간의 뇌가 관장하는 부분은 사람의 상위욕구인 성장욕구입니다. 성장욕구는 환경이 이러한 욕구를 충족시켜 주었을 때 발현하는데 자기인정, 자아실현, 그리고 지이초월의 욕구를 말합니다. 견핍욕구가 충족되면 성장욕구가 발동하며 성장욕구가 충족되면 더 큰 성장욕구가 발현되면서 지속적으로 성장해 나가는 모습을 보이게 됩니다. 성장해 가면서 자기 자신의 목표를 달성하는 모습도 보이지만 더 나아가서 다른 사람들에게 기여하고 싶은 욕구도 발현되면서 다른 사람에게 기여하는 모습을 보이게 됩니다.

인간의 뇌가 작동하면 자아실현뿐만 아니라 다른 사람들에게 기여하려는 자아초월의 모습도 보이게 됩니다. 이러한 모습은 자신뿐만 아니라 전체에 이익이 되고자 하는 행동을 보이게 되며 조직 차원에서는 전체 최적화를 추구하는 모습으로 나타납니다. 이러한 행동은 인간의 머리로 생각하면서 의식적으로 작동하는 것이기 때문에 느린 사고과정을 거치게 됩니다. 그래서 자율적으로 자신을 전체에 도움이 되는 방향으로 통제할 수 있으며 이러한 자율적인 통제를 위해 많은 에너지를 소모하게 됩니다. 인간의 뇌가 작동하는 것은 조직 전체적으로 바람직한 행동이기 때문에 잘 작동하도록 지원해주는 지원 시스템이 필요합니다. 지원 시스템을 통해 인간의 뇌가 몰입할 수 있도록 만들어주면 원하는 성과를 창출할 수가 있게 됩니다.

이러한 사람의 뇌는 외부 환경이 어떠한가에 따라 작동하는 뇌의 부위가 달라집니다. 어떤 시스템을 통해 어떤 행동을 이끌어내려고 한다면, 어떤 외부 환경이 어떤 뇌를 자극하고 이렇게 자극된 뇌는 어떤 욕구를 불러일으켜 어떤 동기를 작동하게 하는지에 대해 알아볼 필요가 있습니다.

사람의 동기는 하위욕구인 결핍욕구가 자극되었을 때 나타나는 생존동기와 상위욕구인 성장욕구가 자극되었을 때 나타나는 성취동기로 구분할 수 있습니다. 사람은 외부의 자극에 따라 발현되는 욕구와 동기가 달라집니다. 그런데 사람들은 사람들이 겉으로 드러내는 행동만 보고 어떠한 존재로 규정짓습니다. 그렇게 사람들을 규정짓는 이론에는 두 가지가 있습니다.

X이론과 Y이론입니다. X이론은 사람들이 근본적으로 일하기를 싫어하는 존재라고 규정짓습니다. X이론 신봉자들은 사람들이 근본적으로 일하기 싫어하는 존재라고 생각합니다. 그래서 사람들에게 어떤 일을 하게 하려면 지시와 통제 등의 관리를 해야 한다고 생각하고 그렇게 행동합니다. 성악설에서 말하는 사람의 모습이라 생각하면 쉽게 이해하실 수 있습니다.

반면에 Y이론은 사람들이 근본적으로 다른 사람들에게 도움이

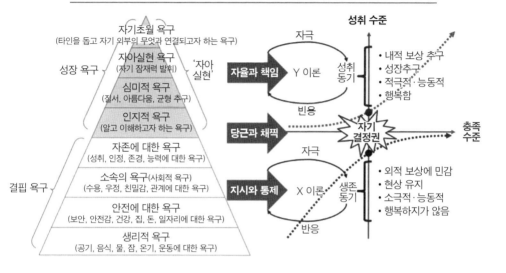

사람의 동기 이해

되고 싶어하고 그렇기 때문에 다른 사람들에게 도움이 되는 일을 하고 싶어하는 존재라고 규정짓는 이론입니다. Y이론 신봉자들은 사람들에게 자율과 책임을 주면 스스로 알아서 일할 수 있다고 생각합니다. 그래서 사람들에게 어떤 일을 하게 하려면 일의 목적, 즉 이 일을 통해 누구에게 어떤 도움을 주는 것인지를 알게 해주고 스스로 알아서 일할 수 있는 환경을 만들어주면 된다고 생각하고 그렇게 합니다. 성선설에서 말하는 모습으로 이해하시면 되겠습니다.

사람들은 자신의 내부에 X이론에서 말하는 모습도 있고 Y이론에서 말하는 모습도 있습니다. 즉 사람에게는 성악설에서 말하는 모습도 있고 성선설에서 말하는 모습도 가지고 있다는 것입니다. 그런데 사람들은 외부의 환경이 어떠한가에 따라 자극되는 욕구와 발현되는 동기가 달라지는 존재입니다. 사람들은 외부에서 자신을 어떻게 대하느냐에 따라 그에 맞게 자신의 모습을 드러냅니다. X이론 관점에서 사람을 대하면 X이론에서 말하는 모습이 나타나고 Y이론 관점에서 사람을 대하면 Y이론에서 말하는 모습이 나타납니다. 즉 사람들은 성악설에서 말하는 모습도 있고 성선설에서 말하는 모습도 있지만 외부의 환경이나 조건에 따라 발현하는 모습이 달라진다는 것입니다. 그러면 외부의 조건에 따라 어떻게 달라지는지 보겠습니다.

X이론 관점에서 사람을 대한다면 어떻게 될까요? X이론 관점에서는 생존을 위협하는 등의 결핍욕구를 자극하면서 지시와 통제를 통해 사람들을 일하게 하려고 합니다. 이렇게 해서 결핍욕구가 자극되어 생존동기가 발현하게 되면 사람들은 소극적이고 수동적인 자세로 바뀌면서 자신의 생존이 위협받지 않도록 현상유지에 안간힘을 쓰는 모습을 보이게 됩니다. 예를 들어 정권이 바뀌었을 때나 혁신을 하게 될 때 나타나는 공무원들의 복지부동의 모습이 대표적인 사례입니다. 사람들은 생존동기가 발동되면 돈이나 칭찬과 같은 외적 보상이 주어지지 않으면 움직이지 않습니다. 따라서 X이론

을 신봉하는 사람들은 자신들이 원하는 성과를 얻기 위해 당근과 채찍이라는 외적 보상을 사용합니다.

외적 보상에 의해 움직이는 사람들은 동물의 뇌가 작동하기 때문에 일을 통해 성장할 수가 없습니다. 다만 그 일에 숙련되는 모습을 보일 뿐입니다. 그래서 성과는 일정 수준에 이르면 더 이상 높아지지 않고 제자리걸음을 하게 됩니다. 예전에 제조 중심의 사업을 운영할 때는 일정한 수준의 품질만 만들어내면 되었기 때문에 구성원들이 성장하지 않고 숙련의 정도만 높아지는 것으로도 사업을 영위할 수 있었습니다. 그렇지만 4차 산업혁명 시대가 되면서 창의성이 중요한 경쟁력이 되었는데 여전히 이러한 관점이 원하는 성과를 끌어낼 수 있을까요?

Y이론 관점에서 사람을 대하면 어떻게 달라질까요? Y이론 관점에서는 성장을 촉진하는 성장욕구를 자극하면서 자율과 책임을 주어 사람들이 스스로 알아서 일하게 하려고 합니다. 사람들은 성장욕구가 자극되어 성취동기가 발현하게 되면 적극적이고 능동적인 자세로 바뀌면서 자신과 조직의 성장을 추구하게 됩니다. 예를 들어 공부나 일도 잘하는 사람이 더욱 잘하려는 욕망을 가지고 더욱 열심히 하려는 모습을 볼 수 있습니다. 이것은 성취가 성취를 자극하는 모습이라고 할 수 있습니다. 이렇게 사람들은 성취동기가 발동하게 되었을 때는 일 자체에서 오는 보람이나 성취감과 같은 내

적 보상에 의해 움직이게 됩니다. 이런 사람들에게 당근과 채찍과 같은 외적 보상을 주면 오히려 일에 대한 몰입을 하지 못하게 되는 결과를 가져올 수 있습니다.

이런 사람들은 인간의 뇌가 작동하기 때문에 일을 통해 학습을 하고 일을 통해 성취를 느끼고 그래서 일을 통해 지속적으로 성장하게 됩니다. 작은 성취가 더욱 큰 성취를 갈망하게 하고 원동력이 되어서 어제보다 더 큰 오늘 그리고 오늘보다 더 큰 내일을 만들어 가게 되는 것입니다. 이러한 성취동기는 4차 산업혁명 시대가 되면서 더욱 중요한 요소가 되었습니다. 이전 시대에 사람의 몸으로 하던 모든 일들이 기계로 대체되었습니다. 이제는 기계화하고 자동화하는 것을 설계하는 능력, 즉 사람의 머리를 쓰는 능력이 필요한 시대입니다. 이제는 기업도 경쟁력을 갖추려면 사람의 머리를 쓰는 능력을 활용할 수 있어야 합니다. 그렇게 하기 위해 필요한 것이 바로 사람의 성장욕구를 자극해 성취동기가 발현되도록 하는 것입니다.

여기에서 문제는 어떻게 하면 생존동기에서 성취동기로 전환하게 할 것이냐 하는 것입니다. 사람이 생존동기에서 성취동기로 전환할 수 있도록 하는 데 가장 중요한 요소는 '자기결정권'을 보장해주느냐, 아니냐입니다. 미국의 심리학자 에드워드 L. 데시가 주장한 자기결정성 이론에서 나온 내용입니다. 데시의 이론에 따르면 사람은 자기결정권이 주어지면 내적 동기, 즉 성취동기가 발현되어 적극적이고 능동적으로 일을 추진하려고 하는 데 반해 자기결정권이 주어지지 않으면 의욕을 상실하면서 수동적으로 변해 외적 보상에 의한 외적 동기가 주어지지 않는 한 일을 하지 않으려고 한다고 합니다.

우리 어렸을 때를 한번 상기해 보면 쉽게 이해할 수 있을 것입니다. 우리가 어렸을 때 밖에서 신나게 놀다가 저녁때쯤 집에 들어옵니다. 그리고 씻고 나서 오늘 실컷 놀았으니 이제 공부 좀 해볼까 하는 마음으로 방에 들어가려고 하는데 뒤에서 엄마가 한마디합니다. "야, 실컷 놀았으니 이제 공부 좀 해라!" 그 순간 우리는 공부하고 싶은 마음이 불끈 솟아오를까요? 대부분의 경우 그 말을 듣는 순간 공부하고자 했던 충만한 의욕이 싹 사라지는 것을 볼 수 있습니다. 이것이 바로 자기결정성의 원리입니다. 자기 스스로가 결정할 수 있을 때는 하고자 하는 의욕이 충만해지지만 남들이 나의 결정에 간섭하고 강요하는 상황에서는 의욕이 사라집니다.

또 하나 우리가 알아야 할 것이 있습니다. 구글에서 탁월한 성과를 내기 위한 조건이 무엇이냐에 대한 연구결과에서 도출한 내용입니다. 바로 '심리적 안전감'이 보장되느냐, 아니냐에 따라 성과 차이가 크게 나타난다는 내용입니다. 심리적 안전감을 한마디로 말하면 '조직을 위해 무슨 말을 하든 위험에 처하지는 않을 것'이라는 믿음입니다. 이러한 심리적 안전감은 이 조직에서 내가 쫓겨나지 않을 것이라는 믿음이 있기에 하위욕구를 충족시켜 줍니다. 그리고 자기가 조직을 위해 주도적으로 일을 추진해 나갈 수 있다는 믿음을 줄 수 있기 때문에 성장욕구 또한 충족시켜 줍니다. 그래서 조직에서 쫓겨날 염려 없이 자기주도적으로 일을 추진해 나갈 동력을 얻을 수 있는 것입니다. 일거양득의 효과를 볼 수 있습니다.

3

인간의 뇌에 인센티브는
어떤 영향을 미치는가

사람은 동물의 뇌와 인간의 뇌를 가지고 있습니다. 동물의 뇌는 외적 보상을 좋아하고 인간의 뇌는 일에 집중하는 것 자체를 좋아한다는 특성이 있습니다. 그 특성을 보여주는 실험으로 양초실험이 있습니다. 이 실험에서 주어지는 문제는 "다음의 재료들을 사용해 초를 벽에 붙이되 불이 붙어 있는 초에서 촛농이 바닥에 떨어지지 않게 하려면 어떻게 해야 할까요?"입니다.

그리고 사람들을 크게 A, B 두 그룹으로 나눕니다. A그룹에는 이 문제를 빨리 맞추는 팀에게는 한 사람당 10만 원의 인센티브를 주겠다고 합니다. B그룹에는 인센티브에 대한 언급이 없이 그냥 문제를 풀라고만 합니다. 작업 환경은 가와 나 두 가지 환경으로 나

가 환경

누어 제시합니다.

가 환경에서는 보시는 바와 같이 재료를 제시하고 문제를 풀라고 합니다.

가 환경에서는 A그룹(빨리 풀면 인센티브를 주겠다고 약속받은 그룹)과 B그룹(그냥 문제를 풀라고 한 그룹) 중 어느 그룹에 속한 팀이 더 빨리 풀었을까요? 이렇게 질문을 드리면 A그룹이 빨리 풀었다고 하시는 분과 B그룹이 빨리 풀었다고 하시는 분들이 거의 반반으로 갈립니다. 그렇다면 답은 무엇일까요? 뒤에서 알아보도록 하겠습니다.

다음으로 나 환경에서는 보시는 바와 같이 재료를 제시하고 문제를 풀라고 합니다.

가 환경과 어떻게 다른지 아시겠죠? 나 환경에서는 A그룹(빨리 풀면 인센티브를 주겠다고 약속받은 그룹)과 B그룹(그냥 문제를 풀라고 한 그룹) 중 어느 그룹에 속한 팀이 빨리 풀었을까요? 이 질문에 대

나 환경

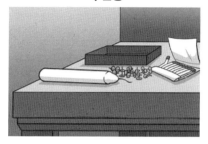

한 답은 대체로 비슷하게 나옵니다.

답은 다음 그림과 같습니다.

가 환경에서는 그냥 문제만 제시하고 풀라고 한 B그룹에 소속된 팀이 더 빨리 풀었습니다. 나 환경에서는 인센티브를 제시하고 풀라고 한 A그룹에 소속된 팀이 더 빨리 풀었습니다. 왜 그랬을까요?

가 환경에서 문제를 풀려면 압정상자를 초를 놓는 도구로 활용

(출처: 칼 던커의 양초 실험)

할 수 있겠다고 하는 생각의 전환을 할 수 있어야 합니다. 즉 압정상자라는 기능적 고정성에서 탈피해서 압정상자를 초를 놓는 도구로 활용할 수 있겠다고 하는 창의적인 생각을 할 수 있어야 하는 것입니다. 이렇게 창의적인 생각을 할 수 있으려면 인간의 뇌를 활용해야 하고 또한 인간의 뇌가 이 문제에 집중할 수 있어야 가능합니다.

그런데 만약 이 상황에서 인센티브가 주어진다면 어떻게 될까요? 인센티브인 돈은 외적 보상으로 동물의 뇌가 좋아하는 것이기 때문에 동물의 뇌가 활성화됩니다. 동물의 뇌가 활성화되어 인간의 뇌에게 이 돈을 가져야 되니까 빨리 풀라고 재촉하게 됩니다. 그럼 인간의 뇌는 이 문제에 집중하지 못하고 동물의 뇌를 제어하는 데 에너지를 다 쓰게 됩니다. 그래서 오히려 이 문제를 빨리 풀지 못하게 되는 것입니다. 반면에 인센티브를 약속받지 않은 그룹은 동물의 뇌의 방해를 받지 않고 문제에만 집중할 수 있어서 비교적 빠르게 풀 수 있게 되는 것입니다.

제가 이렇게 인센티브의 부정적인 측면을 얘기하면 많은 분이 보상을 적절하게 주지 않으려는 의도가 아니냐 하는 의심들을 하십니다. 저도 적절한 보상은 필요하다고 생각합니다. 단지 이 보상의 형태가 창의적인 일을 방해하는 방향이 아닌 창의적인 일을 지원하는 방향으로 지급되어야 한다고 생각합니다. 이러한 방식으로 적절한 보상을 하는 회사가 넷플릭스입니다. 넷플릭스에는 인센티브 제도가 없습니다. 다만 그들은 급여를 세계 최고 수준으로 지급합니다. 그래서 돈 때문에 신경쓰는 일이 없게 만듭니다. 돈 때문에 신경쓸 일이 없는 직원들은 오직 일에만 집중할 수 있습니다. 그래서 세계 최고 수준의 퍼포먼스를 낼 수가 있는 것입니다. 우리나라 기업들도 직원들을 인센티브 제도를 통해 조종하려고 하지 말고 급여 때문에 이직을 고민하지 않도록 그래서 일에만 집중할 수 있는 수준으로 지급해주는 것이 필요하다고 생각합니다.

나 환경에서는 이 문제를 풀 수 있는 모든 조건이 다 갖추어져 있는 상황입니다. 그래서 이러한 환경에서는 실행을 빨리 하는 팀이 이깁니다. 인센티브는 실행을 담당하는 동물의 뇌를 활성화시키기 때문에 훨씬 더 빠르게 풀 수 있었습니다.

이 실험에서 보는 바와 같이 우리 뇌에는 동물의 뇌와 인간의 뇌가 공존하고 있습니다. 동물의 뇌가 활성화되기 쉬운 환경에서는 동물의 뇌에 따른 행동이 나타나고 인간의 뇌가 활성화되기 쉬운 환경에서는 인간의 뇌에 따른 행동이 나타나게 됩니다. 따라서 우리가 원하는 결과를 얻을 수 있으려면 그러한 결과를 나타내게 할 수 있는 환경을 갖추어주면 됩니다.

우리가 보통 사람에 대해 얘기할 때 앞에서도 언급했듯이 성선설과 성악설로 얘기합니다. 사람은 태어날 때 선하게 태어났다고 하는 성선설은 Y이론 관점에서 보는 것이라고 할 수 있습니다. 그리고 사람은 태어날 때 악하게 태어났다고 하는 성악설은 X이론 관점에서 보는 것이라고 할 수 있습니다. 이에 대해 어느 일본학자는 성악설을 얘기합니다.[*] 인간은 선하게 태어났지만 유혹에 약한 존재라는 의미입니다. 이것이 바로 제가 말씀드린 '사람은 인간의 뇌와 동물의 뇌를 같이 가지고 있습니다.'라는 의미와 상통합니다. 사람은 인간의 뇌를 가지고 있어서 무엇이 선한 일이고 악한 일인지 구분하고 선한 일을 하려고 합니다. 이것은 Y이론에서 입증하는 것입니다. 이와 함께 인간은 동물의 뇌를 가지고 있어서 돈과 같은 유혹에 약합니다. 그래서 어떤 것이 옳은 일인지 아니면 옳지 않은 일인지 알면서도 유혹을 이기지 못하고 부정을 저지르는 경우가 나타나는 것입니다. 따라서 우리가 사람들로 하여금 나쁜 행동을 유도하는 유혹에 빠지지 않고 선한 행동을 하게 하려면 이를 할 수 있게 만들어주는 게 필요합니다.

어떻게 할 수 있을까요? 앞에서도 말씀드렸듯이 인간의 뇌는 자기결정성이 보장되지 않으면 작동하기가 어렵습니다. 즉 인간의 뇌는 외부에서 누가 자신을 규제하는 것을 극도로 싫어한다는 것

---

[*] 이 내용은 제가 KT IT기획실 임원 대상으로 강의를 할 때 강의를 들으시던 신수정 부사장님께서 말씀해주신 내용입니다. 제가 말씀드리고자 하는 내용과 연결이 되어 참조했습니다.

입니다. 반면에 동물의 뇌는 누가 외부에서 자신을 규제하지 않으면 마음대로 날뛰게 됩니다. 인간의 뇌는 동물의 뇌가 날뛰면 그 동물의 뇌를 제어하는 데 모든 에너지를 쓰기 때문에 정작 인간의 뇌가 해야 할 일을 할 수가 없습니다. 따라서 규제를 통해 동물의 뇌를 세어할 수 있어야 합니다. 정리히면 인간의 뇌가 작동하게 하려면 규제를 하지 말아야 합니다. 그런데 동물의 뇌가 작동하지 않게 하려면 규제를 하지 않으면 안 되는 상황입니다.

어떻게 보면 딜레마라고 할 수 있습니다. 어떻게 하면 이러한 딜레마를 해결할 수 있을까요? 방법은 한 가지밖에 없습니다. 인간의 뇌는 규제로 인식하지 않게 하면서 동물의 뇌만을 타깃으로 규제하는 방안을 만들면 되는 것입니다. 그렇게 하려면 어떻게 해야 할까요? 사람이 통제하지 않고 대신에 시스템을 통해 통제하면 됩니다. 사람이 통제를 하는 순간 그것을 자신의 결정권을 박탈하는 것으로 인식하고 인간의 뇌가 반발을 합니다. 그런데 시스템을 통해 통제하면 인간의 뇌는 통제를 어쩔 수 없는 것으로 받아들이고 거기에 맞추어 행동하려는 경향을 보입니다. 그리고 동물의 뇌는 그렇게 하지 않으면 안 되는 상황이 되기 때문에 자연스럽게 통제하는 대로 움직이게 됩니다. 바로 인간의 뇌에게 규제라는 것을 의식하지 않게 하면서 동물의 뇌를 제어하는 훌륭한 방법이 되는 것입니다.

이와 같이 우리가 뭔가 원하는 것이 있다면 시스템을 통해 자연스럽게 그렇게 하지 않을 수 없는 환경을 만들면 쉽게 원하는 결과를 얻을 수 있습니다. 그렇다면 어떤 시스템이 필요할까요? 핵심은 인간의 뇌는 외부의 간섭을 싫어하고 동물의 뇌는 외부의 간섭 없이는 제어할 수 없다는 것입니다. 우리는 이러한 원리하에서 동물의 뇌를 제어해서 유혹에 빠지지 않게 하는 행동제어 시스템과 인간의 뇌를 자극해서 지속적으로 성취동기가 일어나도록 하는 몰입지원 시스템을 구축할 수 있어야 합니다. 즉 행동제어 시스템을 통해서는 동물의 뇌가 유혹을 이기지 못하고 유해한 행동을 하는 것을 방지하는 역할을 하도록 해야 합니다. 그리고 몰입지원 시스템을 통해서는 인간의 뇌가 활성화되어 성취동기에 따라 지속적으로 성장하면서 더 큰 성과를 창출할 수 있도록 자극하는 역할도 수행하도록 해야 합니다.

그럼 행동제어 시스템과 몰입지원 시스템을 어떻게 구축할 수 있는지에 대해 알아보도록 하겠습니다.

4

어떻게 동물 뇌의 행동제어 시스템을 구축할 것인가

우리가 원하는 결과를 얻기 위해서는 동물의 뇌를 제어하는 행동제어 시스템과 인간의 뇌를 활성화하는 몰입지원 시스템을 이해하고 구축할 수 있어야 합니다. 그러면 행동제어 시스템과 몰입지원 시스템을 어떻게 구축하는지에 대해 알아보도록 하겠습니다.

동물의 뇌는 유혹에 약하기 때문에 수시로 유혹에 빠져들기 쉽습니다. 따라서 동물의 뇌를 제어할 수 있는 통제 장치가 필요합니다. 이를 행동제어 시스템이라고 하고 '넛지'라고도 합니다. 한 가지 사례를 들면 예전에는 엄마들이 유모차를 끌고 에스컬레이터를 탈 수 있었습니다. 그러면 무슨 일이 발생합니까? 사고가 납니다. 그래서 에스컬레이터 옆에 '유모차를 끌고 에스컬레이터를 타지 마세요.'라고 글귀를 써 붙여 놓았습니다. 그러면 엄마들이 에스컬레이터를 안 타나요? 여전히 에스컬레이터를 탑니다.

그래서 요즘에는 어떻게 하나요? 에스컬레이터 앞에 쇠말뚝을 박아놓습니다. 이제는 엄마들이 유모차를 끌고 에스컬레이터를 타려고 해도 쇠말뚝에 막혀 탈 수가 없습니다. 그래서 이제는 엄마들은 유모차를 끌고 갈 때는 에스컬레이터를 타지 않고 엘리베이터를 탑니다. 그것이 바로 제어 시스템입니다. 쇠말뚝이 없을 때는 편리하다는 유혹에 빠져 쉽게 에스컬레이터를 이용했습니다. 그런데 쇠말뚝이라는 행동제어 시스템을 통해 아예 유혹에 빠질 가능성 자체를 막아버린 것입니다. 이렇게 행동제어 시스템을 활용하면 문제가 일어날 가능성 자체를 아예 없애버릴 수 있습니다. 이것이 행동제어 시스템의 역할입니다.

사람들은 동물의 뇌를 가지고 있기 때문에 어쩔 수 없이 유혹에 약할 수밖에 없습니다. 그런데 자신은 또는 자기 주변의 사람들은 절대 나쁜 짓을 할 사람들이 아니라고 말하는 분들이 계십니다. 그런 분들은 자신이나 자기 주변의 사람들이 나쁜 짓을 할 개연성이 있다는 것을 인정하지 않기 때문에 나쁜 짓을 하지 못하도록 하는 행동제어 시스템을 만드는 것에 소홀할 수도 있습니다. 대개는 그러다가 사고가 납니다. 따라서 그러한 사고는 겸손하지 않은 것에서 나오는 것이라고 생각합니다. 인간은 누구나 동물의 뇌를 가지고 있고 그렇기 때문에 언제든지 잘못된 행동을 할 개연성이 있습니다. 이러한 개연성을 인정하고 방지하기 위한 장치나 규칙, 즉 행동제어 시스템을 만드는 작업이 필요합니다. 그것이 겸손한 분들이 성공하는 이유가 되는 것입니다.

제가 아는 어떤 목사님은 자신이 목사이지만 언제든지 자신도 잘못을 저지를 수 있는 존재임을 인정하고 행동제어 시스템을 만들어 운영하고 계십니다. 이 분은 자신이 여성신도와 단둘이 있을 경우 불미스러운 문제가 발생할 수 있다는 것을 인정하고 반드시 다른 사람과 함께 동행해서 만나는 것을 원칙으로 삼고 있다고 합니다. 그래서 아직까지 그런 문제가 발생한 적이 없다고 합니다. 이것이 바로 행동제어 시스템의 결과입니다.

반면에 우리가 잘 아는 어떤 유명 정치인은 이런 시스템을 만들지 못했습니다. 아니, 오히려 그런 유혹에 빠질 수밖에 없는 시스템을 만들어 운영했습니다. 바로 자신의 수행비서를 여성으로 배치한 것입니다. 24시간 자신과 함께 어디서든 업무를 수행해야 하는 비서관을 여성으로 채용했다는 것 자체가 자신은 절대 불미스러운 일을 할 가능성이 없다는 것을 과신하는 교만함의 극치를 보여주는 것이라고 할 수 있겠습니다. 실패하게 만드는 시스템은 반드시 실패하게 만듭니다. 시스템을 이길 수 있는 장사는 없습니다.

여러분들께서도 "오빠 믿지?"하는 말에 속으신 적이 없으신가요? 오빠가 동물의 뇌를 가졌다는 것을 믿으면 실패할 가능성이 없습니다. 하지만 오빠가 인간의 뇌를 가졌다는 것을 믿으면 백발백중 실패하게 되어 있습니다. 인간의 뇌는 동물의 뇌를 이길 수 없기 때문입니다. 그래서 동물의 뇌는 인간의 뇌로 제어하려고 하지 말고 반드시 외부 행동제어 시스템을 만들어 제어해야 합니다. 선한 의지로 뭘 해보겠다고 하는 사람들치고 성공하는 사람이 별로 없습니다. 선한 의지보다는 선한 시스템을 두는 것이 훨씬 강력하고 효과적입니다.

동물의 뇌를 제어하는 시스템

규칙	√업무 매뉴얼: 일정한 작업 품질이 나오도록 하는 업무지침서(예. 김치 VS. 햄버거) √원칙·규율·정책: 예. 모 성형외과 고객정책 – 애매하면 고객에게 유리하게 적용하라. √제도: 예. 급여제도-1개당 100원 지급 → 많이 받고 싶으면 많이 한다.
장치	√감각: 예. 시각 – 화살표, 청각 – 신호등 등 √물리적 장치: 예. 에스컬레이터 – 유모차 탑승 방지 말뚝, 도로 – 중앙분리대, 숙박업소 – 카페 √규칙+장치: 예. 은행·병원·음식점 – 대기 번호표, 마트·슈퍼마켓 – 카트 +100원

어떻게 하면 문제가 아예 일어나지 않게 할 수 있을까?

이제부터는 어떻게 행동제어 시스템을 구축할 수 있는지 알아보도록 하겠습니다. 동물의 뇌를 제어하는 시스템이 지향하는 목적은 '어떻게 하면 문제가 아예 일어나지 않게 할 수 있을까요?'라는 것입니다. 문제가 아예 일어나지 않게 하기 위한 행동제어 시스템으로는 다음과 같이 규칙과 장치 두 가지를 들 수 있습니다. 규칙은 우리가 하지 말아야 할 행동과 해야 할 행동을 정하고 이에 따라 행동하도록 강제하는 것입니다. 대표적인 것이 업무 매뉴얼과 원칙, 규율, 정책 및 각종 제도들입니다. 이러한 규칙을 지키면 동물의 뇌가 좋아하는 당근을 주고 이러한 규칙을 지키지 않으면 동물의 뇌가 싫어하는 벌칙을 줌으로써 규칙을 준수하도록 통제하는 역할을 합니다. 우리는 이러한 규칙을 통해 제어하는 시스템을 갖추면 원하는 수준의 결과를 얻을 수 있습니다.

예를 들면 김치와 햄버거를 비교해볼 수 있습니다. 김치는 집마다 맛이 다릅니다. 업무 매뉴얼이 없기 때문에 각자의 취향에 따라 만들어냅니다. 그래서 일정한 맛을 낼 수가 없습니다. 그런데 그렇게 해서는 고객이 기대하는 일정한 맛을 낼 수가 없어서 상품화하기가 어렵습니다. 반면에 맥도날드 햄버거는 전세계 어디를 가도 맛이 동일합니다. 고객이 기대하는 그 맛을 동일하게 가져갈 수 있기 때문에 세계 시장 어디에서 판매하든 믿고 사먹을 수가 있는 것입니다. 이는 업무 매뉴얼이 있기 때문에 가능한 일입니다. 이처럼 업무 매뉴얼은 우리가 원하는 수준의 일정한 품질의 제품을 만들어낼 수 있게 만들어주는 행동제어 시스템이라고 할 수 있습니다.

중국 기업에서 경험한 사례를 소개해 보겠습니다. 중국 기업에서는 직원들에게 오늘 몇 개를 만들라고 지시하지 않습니다. 대신 개당 얼마를 줍니다. 그러면 사람들은 알아서 자기가 벌고 싶은 만큼 제품을 만들어냅니다. 돈을 많이 벌고 싶은 사람은 말하지 않아도 밤늦게까지 남아서 제품을 만듭니다. 인센티브 시스템이 사람을 통제하는 것입니다. 이처럼 규칙을 잘 설계하면 동물의 뇌를 제어하여 우리가 원하는 행동을 지속적으로 할 수 있도록 유도할 수 있습니다.

장치는 사람들이 의식하지 않고도 자연스럽게 원하는 행동을 하도록 유도하는 강력한 도구입니다. 규칙보다는 장치가 훨씬 사람들에게 강력하게 작용합니다. 규칙은 사람들이 유혹에 넘어갈 수 있는 여지가 있는 데 반해 장치는 아예 그럴 여지 자체를 주지 않기 때문입니다. 가령 앞에서 말한 에스컬레이터 앞의 쇠말뚝 같은 것이 대표적인 예입니다. 유모차를 끌고 에스컬레이터를 타지 말라는 경고문이 부착되어 있음에도 무시하던 사람들도 에스컬레이터 앞에 쇠말뚝이 있으면 어쩔 수 없이 타지 못하게 되는 것입니다.

장치의 사례로는 서비스 디자인 방법론을 적용한 사례들이 많이 있습니다. 가령 신갈 나들목 같은 경우 빨간색을 따라가면 원주로 가고 파란색을 따라가면 인천으로 가게 해놓았습니다. 사람들이 특별히 주의를 기울이지 않더라도 원하는 방향의 색깔만 따라가면 자연스럽게 원하는 곳으로 인도해 줍니다.

그리고 옆에 육교를 두고도 무단으로 횡단하는 사람들이 있습니다. 이런 사람들에게 아무리 육교를 이용하라고 해도 자기가 편하니까 그냥 무단횡단을 합니다. 그럴 때 무단횡단을 할 마음이 아예 일어나지 않게 하려면 어떻게 하면 될까요? 중앙분리대를 아주 높게 설치해서 아예 넘어갈 수 없게 만들어놓으면 됩니다. 그러면 중앙분리대까지 가더라도 그것을 넘을 수 없기 때문에 아예 하지 않게 됩니다.

이처럼 고질적 문제에 대해서는 행동제어 시스템을 통해 예방 방안을 찾아보는 것이 확실하게 해결하는 방법이라고 할 수 있습니다. 요즘은 서비스 디자인이라든가 실수 방지 시스템과 같은 행동제어 시스템을 통해 문제를 예방하는 사례를 많이 볼 수 있습니다. 다음 사례는 김종삼 대표의 책『스스로 움직이게 하라』에서 참조한 내용입니다.

어느 초등학교에서 미술시간에 딱풀을 이용해서 작품을 만드는 작업을 했는데요. 딱풀 뚜껑을 잃어버리는 일이 빈번하게 일어났다고 합니다. '딱풀 작업을 하면서 딱풀 뚜껑을 잃어버리지 않게 하려면 어떻게 하면 될까요?'라는 문제입니다. 해결책 중 하나는 딱풀 뚜껑을 밑부분에 꽂아서 돌려야 딱풀이 나오게 하는 방식으로 문제를 해결한 사례가 있습니다. 어린이들은 딱풀 뚜껑을 열어서 끝부분에 부착해서 돌리지 않으면 사용할 수 없기 때문에 어쩔 수 없이 자연스럽게 딱풀 뚜껑을 딱풀 밑부분에 넣고 돌리는 행위를 할 수밖에 없습니다. 그러면 자연스럽게 딱풀 두껑을 잃어버리는 것이 방지가 됩니다.

이것이 행동제어 시스템을 구축하는 원리입니다. 하지 않으면 안 되게 구조를 만들어놓으면 하지 않을 수 없기 때문에 자연스럽게 우리가 원하는 대로 행동하게 할 수가 있는 것입니다. 그렇다고 이를 위해 별도의 비용이 들어간다든지, 본업을 수행하는 데 방해가 된다든지 하는 문제가 발생하면 안 되겠지요. 앞의 사례는 이러한 부작용이 없이 우리가 원하는 행동을 자연스럽게 하도록 만드는 좋은 사례라고 할 수 있겠습니다. 이상으로 어떻게 동물의 뇌를 통제하는 행동제어 시스템을 구축할 것인가에 대해 알아보았습니다.

5
—

어떻게 인간 뇌의 몰입지원 시스템을 구축할 것인가

이제부터는 어떻게 인간의 뇌를 지원하는 몰입지원 시스템을 구축할 것인가에 대해 알아보도록 하겠습니다. 인간의 뇌가 작동해서 성과를 내게 하기 위해서는 몰입 환경을 만들어주는 것이 필요합니다. 인간의 뇌가 일에 몰입하게 하는 데 필요한 것은 무엇일까요? 일이 재미있으면 됩니다. 인간의 뇌는 일이 재미가 있으면 몰입하지 말라고 해도 자연스럽게 몰입하게 됩니다. 그렇다면 재미있으려면 어떤 조건이 갖추어져야 할까요?

먼저 인간은 어떤 조건에서 재미를 느끼고 몰입하게 되는지를 살펴봐야 합니다. 미하이 칙센트미하이에 의하면 인간은 능력에 맞는 도전과제를 만났을 때 흥미를 느끼고 '한번 도전해볼까?' 하는 마음이 들면서 몰입에 빠지게 된다고 합니다. 도전과제가 너무 어려우면 불안함을 느끼며 몰입할 수 없게 된다고 합니다. 반대로 도전과제가 너무 쉬우면 지루함을 느끼면서 역시 몰입할 수 없게 된다고 합니다.

우리가 게임을 하는 상황을 살펴보면 쉽게 이해할 수 있습니다. 저 같은 경우 애니팡 게임을 하는 것을 좋아했는데요. 아내의 핸드폰에 애니팡 게임이 깔려 있어서 아내의 핸드폰으로 게임을 했습니다. 그래서 처음부터 시작해서 능력이 상승하면서 지속적으로 단계를 올라갔습니다. 그런데 어느 순간부터 너무 어려워져서 더 이상 깨기가 어려우니까 자연스럽게 게임에 흥미를 느끼지 못하게 되었습니다.

아내 또한 애니팡 게임이 너무 어려워지니까 짜증을 내면서 다시는 안 한다고 핸드폰에서 삭제해버렸습니다. 그래서 저도 게임을 하지 못하게 되었습니다. 그러다 다시 하고 싶은 마음이 들어서 제 핸드폰에 애니팡 게임을 깔아 다시 시작했습니다. 게임은 다시 초보단계부터 시작할 수밖에 없었고 그러다 보니 너무 쉬우니까 재미가 없어서 하고 싶은 마음이 사라졌습니다. 그래서 이제는 더 이상 애니팡 게임을 하지 않습니다.

이처럼 도전과제가 너무 어렵거나 또는 너무 쉬우면 과제에 흥미를 느끼지 못하고 포기하거나 하지 않게 되는 것입니다. 이러한

인간의 뇌를 몰입하게 하는 시스템

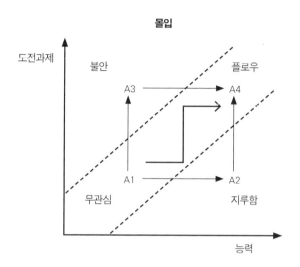

몰입

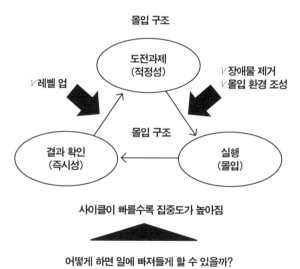

인간의 특성을 반영해 몰입지원 시스템을 구성해야 일에 몰입하게 할 수 있습니다. 그렇다면 어떻게 하면 될까요? 몰입하게 하기 위해서는 네 가지 조건을 갖추면 됩니다.

첫째는 도전과제를 어떻게 부여할 것이냐 하는 문제입니다. 도전과제가 역량보다 조금 높은 난이도일 때가 가장 도전의식을 강하게 발동하게 한다고 합니다. 내가 도전해야 할 과제가 무엇인지가 명확해야 합니다. 그리고 여러 가지 과제를 동시에 주면 안 됩니다. 인간의 뇌는 한 가지 과제에 집중하기까지는 생각을 셋업하는 시간이 필요합니다. 그리고 과제를 내려놓은 과정에서도 이번 과제를 정리하고 다음 과제를 하기까지는 시간이 필요합니다. 따라서 한 사람에게 동시에 여러 가지를 하도록 멀티플레이를 요구하는 경우 오히려 비효율적인 결과를 가져옵니다. 한 번에 한 가지 과제를 수행하게 하고 끝나면 다음 과제를 부여하는 것이 일에 집중할 수 있게 하는 방법입니다. 그렇지 않고 동시에 여러 가지 과제를 주면 이것저것 신경쓰다가 하나도 제대로 하지 못하게 되는 경우가 발생합니다. 따라서 한 번에 한 가지 과제만 집중해서 할 수 있도록 해주어야 합니다. 그래야 한 가지 목표를 향해 집중해서 달려갈 수가 있는 것입니다. 만약에 여러 가지 과제가 주어진 경우에는 본인 스스로가 우선순위를 정해서 한 번에 한 가지만 하는 것이 일의 집중력을 높이는 방법입니다.

둘째는 업무수행 환경을 어떻게 갖추어줄 것이냐의 문제입니다. 업무에 집중하려고 하다 보면 이것저것 방해하는 요소들이 많습니다. 이러한 장애요소를 최대한 제거해 줄 수 있어야 합니다. 저는 책을 읽고 글을 쓰는 등 인간의 뇌를 사용하는 작업을 하려면 도서관 같은 조용하면서도 주변에 누군가가 있는 환경에서 집중이 잘됩니다. 그리고 결핍욕구가 작동하는 경우에도 업무에 집중하는데 방해가 됩니다. 일례로 앞의 양초실험에서와 같이 업무성과와 인센티브를 연계한다든지 하면 동물의 뇌가 작동하면서 그 인센티브에 신경쓰느라 정작 인간의 뇌가 해야 할 작업에 제대로 집중할 수가 없게 됩니다. 인센티브와 같은 외적 보상은 동물의 뇌가 빠르게 일하게 하는 데는 더할 나위 없이 좋으나 인간의 뇌에게는 오히려 해가 됩니다.

셋째는 업무수행 결과가 나왔을 때 어떻게 할 것이냐, 즉 피드백에 관한 문제입니다. 업무수행 결과에 대한 피드백은 결과가 나왔을 때 바로 알게 해주는 것이 가장 효과가 큽니다. 결과를 아는 시점이 늦어지면 늦어질수록 효과는 급감하게 됩니다. 따라서 피드백은 바로 주어지는 것이 필요합니다. 그리고 피드백을 어떻게 하느냐도 중요한 요소입니다. 결과에 대한 피드백을 스스로 알게 하느냐, 아니면 사람이 전해주느냐에 따라 효과가 완전히 달라집니다. 사람들은 결과를 스스로 알 수 있게 해주면 스스로 결과가 잘되었는지 잘못되었는지를 파악하고 잘되면 동기부여를 받고 잘못되면 왜 잘못되었는지를 파악해 개선하려는 의지를 가집니다. 그런데 사람들이 피드백을 해주면 자신을 통제하는 수단으로 여기게 됩니다. 통제를 받고 있다고 느끼면 앞에서 본 바와 같이 자기결정성을 침해받았다고 여겨 반발심이 생기고 수동적으로 변하게 됩니다. 따라서 피드백이 효과적으로 작동하게 하려면 결과를 즉시 알게 해주되 스스로 알 수 있게 해주는 시스템을 마련해 주는 것이 필요합니다.

피드백의 시점과 관련해서는 사람들이 담배를 끊지 못하는 이유를 보여주는 사례를 통해 확인할 수 있습니다. 사람들이 담배를 끊지 못하는 이유가 무엇일까요? 그것은 담배 피우는 행위에 대한 피드백에서 찾을 수 있습니다. 담배를 피우면 부정적인 결과와 긍정적인 결과 양쪽 모두 주어집니다. 담배를 피우는 것에 대한 부정적인 피드백이 주어지면 담배를 끊고 싶은 마음이 생기게 됩니다. 반대로 긍정적인 피드백이 주어지면 담배를 계속 피우고 싶은 마음이 생기게 됩니다. 이때 문제는 피드백이 주어지는 시점이 언제냐가 중요한 요소로 작용을 합니다.

폐암의 발생이나 이로 인한 사망과 같은 부정적인 피드백은 지금 당장이 아니라 먼 미래에 주어집니다. 지금 담배를 피운다고 당장 폐암에 걸리거나 죽을 것이라는 생각은 들지 않습니다. 그래서 행동으로 옮겨지지 않는 것이지요. 반면에 긴장 완화나 담배 맛과

담배 피우기의 피드백 사례

결과	결과에 대한 분석			
	효과	시간	중요성	확률
폐암의 발생	부정적	먼 미래	중요	낮음
사망	부정적	먼 미래	중요	낮음
주변의 핀잔	부정적	중간	중요	중간
긴장 완화	긍정적	가까운 미래	중요	높음
담배 맛	긍정적	가까운 미래	중요	높음

같은 긍정적인 피드백은 지금 당장 주어집니다. 담배를 피우는 순간 스트레스가 풀리고 담배 맛이 꿀맛처럼 느껴집니다. 그러니 담배를 끊을 수 있겠습니까?

그렇다면 담배를 끊게 하려면 어떻게 해야 할까요? 부정적인 피드백이 당장 눈앞에 보이게 하고 긍정적인 피드백을 없애거나 한참 뒤로 미루어놓으면 될 것 같습니다. 테드TED에서 본 사례인데 실제로 이렇게 해서 금연에 성공한 사례가 있습니다. 담배를 처음 피워본 사람들에게 담배 맛이 어떠냐고 물어보면 대부분 맛이 없다고 하고 심지어는 불쾌한 느낌이라고 말합니다. 담배를 처음 피울 때는 담배 본연의 맛인 불쾌한 맛이 바로 느껴지는 것이지요. 이와 같이 담배 맛은 원래 불쾌한 맛입니다. 담배를 계속 피우다 보니까 익숙해져서 달콤하게 느껴지는 것이지요. 담배를 끊게 하려면 바로 이 담배 본연의 불쾌한 맛을 바로 느끼게 해주면 됩니다. 테드에서 발표한 내용을 보면 담배를 피우는 사람들에게 담배 맛이 실제 어떠한가를 생각하면서 담배를 피우게 했더니 담배 맛에서 불쾌한 맛을 느끼고 담배를 끊는 사람들이 나타났다는 것입니다. 이렇듯이 담배를 피우는 것에 대한 부정적인 피드백이 바로 주어지면 담배를 끊을 수 있게 됩니다.

넷째는 다시 도전과제를 어떻게 부여할 것이냐의 문제로 되돌아갑니다. 사람들은 도전과제를 실행하는 과정에서 능력도 한 단계 끌어올려집니다. 따라서 다음 도전과제를 부여할 때는 한 단계 레벨업을 해서 설정해야 지루해지지 않고 계속 몰입할 수 있게 됩니다. 게임에 중독된 사람들이 종일 게임을 하고 심지어는 밤을 새워가며 게임을 하는 이유가 바로 이것입니다

그렇다면 사람들에게 이러한 몰입 구조를 만들어주면 왜 몰입에 빠지게 될까요? 그것은 뇌의 신경전달물질인 도파민과 관련이 있습니다. 뇌에서 도파민이 분출되면 사람은 행복을 느낍니다. 따라서 사람은 행복감을 느끼고 싶어서 도파민이 분출되는 행동을 반복해서 하고자 하는 속성이 있습니다. 그렇다면 도파민은 언제 분출될까요? 도파민은 사람이 목표를 달성하는 순간 강하게 분출됩니다. 그래서 이러한 행복감을 맛본 사람은 다시 행복감에 취하고 싶어서 계속적으로 목표에 도전하여 달성하고자 하는 것입니다.

도파민의 작동과 성장 과정

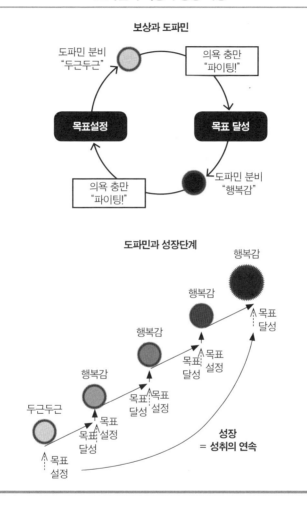

보상과 도파민

도파민 분비
"두근두근"

의욕 충만
"파이팅!"

목표설정

목표 달성

의욕 충만
"파이팅!"

도파민 분비
"행복감"

도파민과 성장단계

행복감

행복감

목표
달성

행복감

목표
달성

목표
설정

행복감

목표
달성

목표
설정

두근두근

목표
달성

목표
설정

**성장
= 성취의 연속**

목표
설정

대표적인 사례로 마라톤을 뛰는 사람들을 보면 알 수 있습니다. 마
라톤같이 힘든 운동도 목표를 설정하고 달성할 때의 희열을 잊을

수가 없기 때문에 힘들어도 매번 참가하고 또 끝까지 완주를 할 수 있는 것입니다. 목표를 달성하려면 어떻게 해야 할까요? 목표를 설정해야 하겠지요. 그리고 목표에 도전하여 성취할 때 강력한 도파민 세례를 받게 됩니다. 그래서 목표를 설정하는 순간부터 목표 달성에 대한 기대감 때문에 도파민이 분출됩니다. 그러면 의욕이 충만해지면서 목표를 향해 도전하게 되고 그렇게 해서 목표를 달성하면 다시 도파민이 분출하면서 의욕이 충만해지고 그래서 다음 목표에 도전하게 되는 목표 설정과 목표 달성의 선순환 과정을 만들어가게 되는 것입니다. 그것이 바로 인간이 몰입에 빠지는 구조를 만들어냅니다.

인간의 뇌는 목표 설정과 목표 달성이라는 성취의 연속적인 선순환 과정을 통해 점차 성장해 가게 되고 행복감도 점차 커지는 것입니다. 앞에서 보셨듯이 이러한 구조로 인해 인간의 뇌는 성취가 성취를 불러오면서 급격한 성장의 과정을 밟아가게 됩니다. 창의성이 요구되는 4차 산업혁명 시대에는 특히 이러한 인간의 뇌가 성장할 수 있는 환경을 만들어주는 것이 조직의 성과를 획기적으로 높이는 데 결정적인 역할을 할 것입니다.

이러한 몰입지원 시스템을 만들어보려면 어떻게 하면 좋을까요? 대표적인 몰입지원 시스템으로 게임이 있습니다. 몰입지원 시스템도 이와 같은 원리를 적용해 구축하면 됩니다. 가령 예를 들어 제안 시스템을 보도록 하겠습니다. 예전에는 거의 대부분의 기업이 제안 시스템을 운영했습니다. 그런데 제안 시스템이 잘 가동되었나요? 대부분의 제안 시스템이 형식적으로 운영될 뿐이었습니다. 회사에서 하라고 하니까 마지못해 하고 그래서 월말에 몰아서 하는 그런 시스템이었습니다. 왜 그랬을까요? 한마디로 재미가 없습니다. 제안을 해도 반응도 없고 월말에 몰아서 평가하고 형식적인 인센티브를 줍니다. 그리고 제안 결과가 어떻게 되었는지 알수도 없습니다. 그러니 누가 제안을 하려고 하겠습니까? 그렇다면 어떻게 하면 제안 시스템을 활성화시킬 수 있을까요? 참조할 만한 사례가 있습니다. 요즘 엄청나게 인기를 끌고 있는 청와대의 국민청원 시스템입니다.

국민청원 시스템은 왜 인기가 높을까요? 일단 제안하는 데 장애가 거의 없습니다. 그리고 제안하고 나면 바로 반응이 나타납니다. 동의하는 사람들이 '동의합니다.'를 올려주고 또 여기저기 퍼날라서 다른 사람들의 반응을 유도해내고 그러면서 1,000명, 1만 명, 10만 명 이런 식으로 동의한 사람들의 숫자를 바로 바로 보여주고 그러다가 동의하는 사람이 20만 명이 되면 정부의 책임 있는 관계자가 나와서 해당 사안에 대한 입장을 솔직하게 얘기를 해주니까 제안하는 재미가 있습니다. 그래서 엄청난 인기를 끌면서 수많은 제안을 쏟아내고 있는 것입니다.

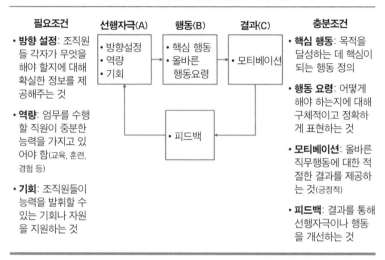

자발적 업무수행을 지원하는 ABC 모델

필요조건	선행자극(A)	행동(B)	결과(C)	충분조건
• **방향 설정**: 조직원들 각자가 무엇을 해야 할지에 대해 확실한 정보를 제공해주는 것	• 방향설정 • 역량 • 기회	• 핵심 행동 • 올바른 행동요령	• 모티베이션	• **핵심 행동**: 목적을 달성하는 데 핵심이 되는 행동 정의
• **역량**: 업무를 수행할 직원이 충분한 능력을 가지고 있어야 함(교육, 훈련, 경험 등)		피드백		• **행동 요령**: 어떻게 해야 하는지에 대해 구체적이고 정확하게 표현하는 것
• **기회**: 조직원들이 능력을 발휘할 수 있는 기회나 자원을 지원하는 것				• **모티베이션**: 올바른 직무행동에 대한 적절한 결과를 제공하는 것(긍정적)
				• **피드백**: 결과를 통해 선행자극이나 행동을 개선하는 것

몰입지원 시스템을 이런 식으로 목표와 즉각적인 반응과 목표 달성 시 신속한 피드백을 통해 재미있게 만들면 누구나 몰입하게 할 수 있습니다. 이러한 인간의 특성을 이해하는 행동과학자들에 의해 만들어진 자발적 업무수행 시스템이 바로 ABC 모델입니다. ABC 모델은 선행자극Antecedent → 행동Behavior → 후속자극Consequent으로 구성됩니다.

선행자극(A)은 자발적 업무수행을 위해 선제적으로 갖추어져야 하는 조건에 해당하며 방향설정Direction과 역량Competence 그리고 기회Opportunity로 구성되어 있습니다. 방향설정은 조직원들 각자가 무엇을 해야 할지에 대해 확실한 정보를 제공해 주는 것을 말합니다. 그렇게 하면 앞에서 살펴본 대로 자기가 주도적으로 그것을 달성하기 위해 어떻게 할지 생각할 수 있게 되는 것입니다. 역량은 업무를 수행하기에 충분한 능력을 가지고 있느냐 하는 것입니다. 앞에서 살펴본 대로 사람은 자신의 능력보다 너무 어려운 과제를 만나면 집중하기 어렵습니다. 따라서 목표에 맞는 능력을 갖출 수 있도록 지원해 주어야 합니다. 기회는 조직원들이 능력을 발휘할 수 있는 기회나 자원을 지원하는 것을 말합니다. 이러한 지원을 통해 몰입할 수 있는 환경이 만들어지는 것입니다. 이러한 조건이 갖추어지면 성공적인 업무수행을 위한 선행자극이 만들어집니다. 업무에 돌입하고자 하는 열정이 솟아나는 것입니다.

행동(B)은 업무수행 시에 장애를 제거하여 원활하게 업무를 수행할 수 있도록 만들어주는 것으로 핵심 행동과 올바른 행동요령이 있습니다. 핵심 행동은 목적을 달성하는 데 핵심이 되는 행동, 즉 목적을 달성하기 위해 반드시 해야 하는 행동을 정의한 것입니다. 올바른 행동요령은 핵심 행동을 하는 데 올바르게 하는 방법이 무엇인지를 구체적이고 정확하게 표현한 것입니다. 이렇게 핵심 행동이 정의되고 그것을 어떻게 하는지에 대한 구체적이고 정확한 행동요령이 정해지면 사람들은 누구나 그 행동지침에 따라 업무를 수행함으로써 목적을 달성할 수 있게 됩니다.

후속자극(C)은 행동을 통해 나온 결과에 대한 반응으로 모티베이션을 불러일으키는 작용을 합니다. 행동의 결과에 어떻게 반응하느냐에 따라 사람의 동기가 확 살아나기도 하고 싹 사그라지기도 합니다. 모티베이션은 올바른 직무행동에 대해 적절한 결과를 제공해 줌으로써 올바른 직무행동을 계속하도록 하는 동기를 강화해 줍니다. 이와 관련한 사례로 개를 훈련시키는 것을 들 수 있습니다.

아마추어들은 개가 방 안에 똥을 쌀 때 어떻게 하나요? 바로 화를 내고 야단을 칩니다. 그러면 개들이 방 안에 똥을 안 쌀까요? 다시 쌉니다. 사람이 화를 낸다고 개의 행동이 바뀌는 것은 아닙니다. 이에 반해 프로들은 어떻게 합니까? 프로들은 개들이 방 안에 똥을 쌀 때는 아무런 반응을 하지 않고 무시합니다. 그러다가 개들이 똥을 싸야 할 장소에서 똥을 싸면 바로 피드백을 줍니다. 맛있는 것을 주는 것이지요. 그러면 다시 개가 맛있는 것을 얻어먹기 위해 똥을 싸야 할 장소에 똥을 쌉니다. 그러면 또 바로 맛있는 것을 줍니다. 그러면 자연스럽게 개들은 똥을 싸야 하는 장소에서만 똥을 싸게 됩니다. 이것이 행동과학에서 말하는 강화입니다. 사람도 이와 같이 잘하는 행동에 칭찬 등의 피드백을 주면 더욱 자주하려고 하는 동기가 강화됩니다.

피드백은 결과를 보고 결과가 잘 나온 경우 계속하도록 하고 결과가 잘못 나온 경우 선행자극이나 행동 또는 후속자극을 개선함으로써 지속적으로 결과가 개선될 수 있도록 하는 과정입니다. 이렇게 사람들은 ABC 모델과 같이 네 가지 조건이 갖추어지면 누구나 자발적으로 탁월한 성과를 지속적으로 낼 수 있게 되는 것입니다.

지금까지 시스템을 어떻게 구축할 것인가에 대해 말씀드렸습니다. 이제 시스템 사고에 대해 말씀드리도록 하겠습니다.

시스템 사고를
하라

Systems Designer

3장

어떻게 시스템 사고를
할 것인가

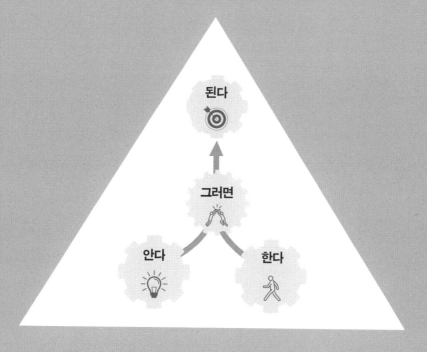

1

시스템 사고는 단선적 사고와 무엇이 다른가

지금까지 말씀드린 것처럼 우리가 원하는 것을 얻으려면 되는 구조를 알고 되는 구조를 만들면 됩니다. 여기서 되는 구조를 아는 것이 시스템 사고입니다. 지금부터 시스템 사고가 무엇인지에 대해 배워보도록 하겠습니다.

시스템 사고는 단선적 사고와 비교해서 살펴보면 이해하기가 쉽습니다. 단선적 사고란 원인과 결과가 바로 연결되어 있다고 생각하는 사고입니다. 가령 '비용을 줄이면 수익이 늘어납니다.'와 같은 사고입니다.

그러면 비용을 줄이면 실제로 수익이 늘어날까요? 그것은 사실 알 수가 없습니다. 그 회사의 구조가 비용을 줄이면 수익이 나는

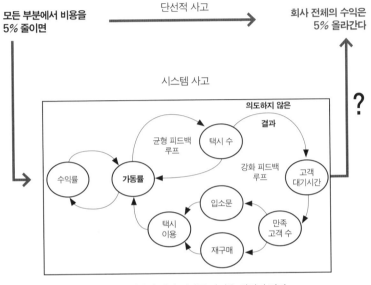

단선적 사고 vs. 시스템 사고

내가 결정한 일이 실제 내가 원하는 결과를 가져다줄 것인가?

모든 부분에서 비용을
5% 줄이면

단선적 사고

회사 전체의 수익은
5% 올라간다

시스템 사고

의도하지 않은
결과

균형 피드백
루프

택시 수

강화 피드백
루프

수익률　　가동률

고객
대기시간

입소문

택시
이용

만족
고객 수

재구매

?

∨내가 한 결정이 어떤 결과를 가져올 것인지 안다.
∨내가 원하는 결과를 얻기 위해서 무엇에 집중할지 안다.

구조라면 그렇게 될 수 있겠지만 반대로 비용을 줄이면 오히려 수익이 줄어드는 구조라면 오히려 떨어지게 되겠지요. 이와 같이 원인과 결과 사이가 직접적으로 연결되어 있지 않고 어떤 구조에 의해 연결되어 있습니다. 구조를 알기 전에는 어떤 행동을 했을 때 어떤 결과가 나타날지 알 수 없다는 사고가 시스템 사고입니다.

　이러한 시스템 사고를 할 수 있게 되면 어떤 이익이 있을까요?

내가 어떤 결정을 했을 때 그 행동이 구조에 어떻게 영향을 미쳐 어떤 결과를 가져오게 될지를 알 수가 있기 때문에 이미 의사결정할 때 그 결과를 예측하고 할 수 있게 됩니다. 그리고 내가 어디에 집중하면 어떤 결과를 가져올 수 있을지 알 수 있어 내가 집중해서 좋은 결과를 낼 것에 집중할 수 있게 됩니다. 그렇게 되면 나는 좀 더 효율적으로 일을 할 수가 있게 되는 것입니다. 마치 답을 알고 시험에 임하는 것과 같습니다. 그렇다면 무슨 일을 하든 간에 그 일에서 성공하고 싶다면 시스템 사고를 알아야 하지 않을까요?

이러한 시스템 사고를 어떻게 할 수 있는지에 대해 쉬운 예제를 들어 설명해보도록 하겠습니다. 먼저 단선적 사고부터 설명하겠습니다. 다음 그림은 팀장과 팀원 사이에 나타날 수 있는 단선적 사고를 예시로 들어 설명한 내용입니다. 먼저 팀장의 단선적 사고를 한번 보도록 하겠습니다. 어느 날 팀원의 성과가 뚝 떨어졌습니다. 그런데 팀장은 당근과 채찍이라는 멘탈 모델을 가진 사람이었습니다. 잘하면 상을 주고 못하면 채찍으로 다스렸습니다. 그런 팀장이었기에 팀원의 성과가 떨어지니까 당연히 채찍을 들어야겠다고 생각했습니다. 그래서 팀원에 대한 통제를 강화하기 시작했습니다. 팀원에 대해 촘촘한 관리에 들어간 것이지요. 그러면 팀원의 실적이 좋아졌을까요?

팀장의 단선적 사고로는 팀원을 촘촘히 관리하면 팀원이 정신

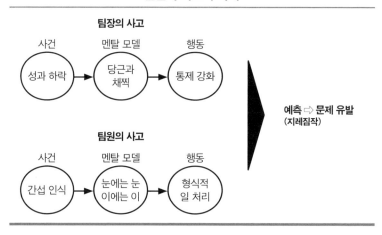

단선적 사고의 사례

팀장의 사고

사건	멘탈 모델	행동
성과 하락	당근과 채찍	통제 강화

예측 ⇨ **문제 유발**
(지레짐작)

팀원의 사고

사건	멘탈 모델	행동
간섭 인식	눈에는 눈 이에는 이	형식적 일 처리

을 차리고 열심히 해서 성과가 좋아질 것이라고 생각했을 것입니다. 그러면 팀원이 팀장의 생각대로 정신을 차리고 열심히 해서 성과를 올렸을까요? 앞에서도 말씀드렸듯이 사람은 통제를 받기 시작하면 수동적으로 바뀌면서 일에 의욕을 잃고 형식적으로 일하게 됩니다. 그러면 성과가 오히려 더 하락하게 되겠지요. 그래서 성과가 오히려 이전보다 더 하락했습니다. 그러니까 팀장은 '어, 더 하락했어? 좀 더 통제를 강화해야 정신을 차리려나?' 하면서 더욱 통제를 강화하겠지요. 그러면 성과는 더 떨어질 것이고 그러면 팀장은 더 통제를 강화할 것이고……. 계속해서 이런 악순환이 반복되리라 예상할 수 있습니다.

이런 상황에서 팀장 입장에서 나쁜 놈은 누구일까요? 팀원이 되겠지요. 팀원이 성과를 내지 못하니까 통제하는 것 아니냐 하는 생각을 하게 될 것입니다. 그렇다고 했을 때 팀장은 이 성과 하락의 악순환 고리를 끊을 수 있을까요? 아마 팀원이 개과천선하지 않는 한 어려울 것입니다. 그렇다면 이 문제는 해결되지 못하고 파탄이 날 때까지 계속될 수밖에 없을 것입니다.

이번에는 팀원의 단선적 사고를 한번 보도록 하겠습니다. 어느 날 팀장이 촘촘히 관리를 하기 시작합니다. 그러자 팀원 입장에서는 자신에 대한 간섭으로 인식하게 됩니다. 그러면서 '어, 팀장이 나를 관리하려고 하네?' 하는 마음이 들면서 반발심이 생겨서 오히려 일하고자 하는 의욕이 사라지게 됩니다. 그러면 일을 시키는 것만 형식적으로 하게 됩니다. 그러면 팀장의 간섭이 줄어들까요?

팀원의 단선적 사고로는 자기가 태업을 하면 팀장이 알아듣고 간섭을 멈출 것으로 생각했을 것입니다. 이와 관련한 사례를 중국에서 일할 때 들은 적이 있습니다. 중국 사람들 또한 관리자가 관리하려고 하면 반발하는 마음이 생깁니다. 그래서 관리자가 관리하려고 했을 때 '당신이 나를 관리하려고 해? 정말 관리할 수 있나 보자.' 하면서 더욱 관리하기 힘든 상황을 만든다고 합니다. 그러다 보면 관리자가 힘들어서 관리하기를 포기하게 된다고 합니다. 아무튼 이렇게 반발해서 형식적으로 일하면 관리자가 관리하기를 포기하고 간섭하지 않게 될까요? 실제로는 그렇지 않겠지요. 팀장은 더욱 심하게 간섭하게 될 것이고 팀원은 더욱 의욕이 사라지면서 형식적으로 일하는 악순환이 계속되겠지요.

그럼 팀원 입장에서 나쁜 놈은 누구일까요? 팀장이겠지요. '팀장이 자꾸 간섭을 하니까 일하고 싶은 의욕이 사라져서 일을 못하게 되는 것 아니냐?' 이렇게 생각할 것입니다. 그렇다고 했을 때 팀장이 바뀌지 않는다면 문제가 해결될 수 있을까요? 해결되기 어려울 것이라 생각합니다. 결국 팀장이나 팀원이 자기 입장에서의 단선적 사고를 하는 경우 문제만 키울 뿐 해결하기는 어려울 것이라 생각합니다. 그래서 일찍이 알버트 아인슈타인은 "우리가 직면한 중요한 문제들은 우리가 문제를 만들었을 때와 동일한 수준의 사고방식으로는 풀리지 않는다."라고 말했습니다. 그렇다면 어떻게 해야 문제를 풀 수 있을까요? 시스템 사고를 하면 문제가 풀릴 수 있을까요?

이제 어떻게 시스템 사고를 통해 문제를 풀 수 있는지에 대해 말씀드려 보겠습니다. 시스템 사고는 구조를 이해하는 사고입니다. 그러려면 먼저 구조를 그려봐야겠지요. 팀장의 사고와 팀원의 사고를 서로 연결하면 구조가 만들어집니다. 다음 그림에서와 같이 팀장의 사고와 팀원의 사고를 연결하면 인과관계의 피드백 구조가 만들어집니다. 이렇게 팀장의 단선적 사고와 팀원의 단선적 사고를 연결하여 인과관계의 피드백 구조를 만들면 어떤 결과가 나타

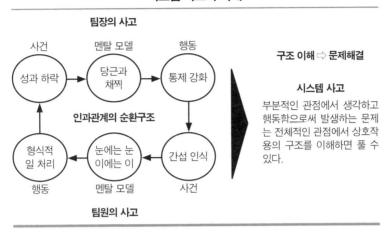

시스템 사고의 사례

팀장의 사고

사건 → 멘탈 모델 → 행동

성과 하락 → 당근과 채찍 → 통제 강화

인과관계의 순환구조

형식적 일 처리 ← 눈에는 눈 이에는 이 ← 간섭 인식

행동 / 멘탈 모델 / 사건

팀원의 사고

구조 이해 ⇨ 문제해결

시스템 사고

부분적인 관점에서 생각하고 행동함으로써 발생하는 문제는 전체적인 관점에서 상호작용의 구조를 이해하면 풀 수 있다.

나는지 한번 보도록 하겠습니다.

이번에도 팀장의 입장부터 한번 보도록 하겠습니다. 팀장이 어느 날 보니까 팀원의 성과가 하락했습니다. 그래서 자기의 멘탈 모델에 따라 팀원에 대한 통제를 강화하기 시작했습니다. 그랬더니 팀원이 이것을 간섭으로 받아들이고 반발심이 생기면서 일에 대한 의욕이 상실되어 시키는 것만 형식적으로 하는 것이었습니다. 그렇게 팀원이 형식적으로 일을 하니까 다시 성과가 더욱 하락하는 결과를 가져오는 것을 알 수 있었습니다.

그렇다면 팀장이 이렇게 시스템 사고를 하게 되었을 때 나쁜 놈은 누구일까요? 그렇게 질문을 하니 많은 분들이 "팀장이요!"라고 얘기를 했는데 간혹 이것을 못 알아듣는 분들이 있었습니다. 그래서 다시 한번 인과관계를 따라가 보도록 하겠습니다. 어느 날 팀원의 성과가 하락했습니다. 그래서 그 원인을 따라가 보았더니 팀원이 형식적으로 일하고 있는 것입니다. 왜 팀원이 형식적으로 일하는지 보았더니 일에 대한 의욕을 상실한 상태였습니다. 왜 그런가 원인을 살펴봤더니 누군가의 간섭을 받고 반발심이 생겨 의욕을 상실한 것이었습니다. 그래서 누가 이렇게 간섭을 해서 팀원의 반발심을 사는가 봤더니 바로 팀장 자신이었습니다. 결국 성과 하락의 악순환을 만든 범인은 바로 자기였던 것이었습니다.

팀장이 팀원의 성과 하락의 악순환을 만든 나쁜 놈이 바로 자기였다는 것을 알았다면 문제는 해결될 수 있을까요? 그렇겠지요. 팀원의 성과가 하락되었을 때 바로 팀원에 대한 통제를 강화하는 것 대신에 팀원의 성과 하락의 원인이 무엇인지를 파악하려고 하겠지요. 앞에서도 살펴보았듯이 사람의 성과를 상승하게 하려면 선행자극으로 방향설정이 명확해야 하고 역량을 갖추어주어야 하고, 행동할 수 있게 무슨 일을 해야 하고 어떻게 해야 하는지를 알 수 있게 해주어야 하고, 결과가 나왔을 때 바로 긍정적인 피드백을 주는 등의 환경을 갖추어주어야 합니다.

팀장이 이것을 이해하고 팀원의 성과 하락의 원인이 방향설정이 명확하지 않은지, 팀원의 역량이 부족한 것인지, 아니면 행동할 수 있는 지침이나 방법론이 제시되지 않은 것인지 결과에 대한 긍정적인 피드백이 주어지지 않은 것인지 등을 파악해 일에 몰입할 수 있는 환경을 만들어주는 데 최선을 다합니다. 그런데도 팀원이 이것을 간섭으로 받아들이고 반발심이 생겨 일에 대한 의욕이 상실되는 일이 발생할까요? 그렇지는 않을 것입니다. 팀원 입장에서 팀장이 이렇게 자신을 위해 신경을 써준다면 고마움을 느끼고 더욱 열심히 해서 좋은 성과를 낼 수 있을 것으로 생각합니다. 그렇게 해서 지속적으로 팀원의 성과가 상승하는 선순환 구조가 만들어질 수 있을 것입니다.

이번에는 팀원 입장에서 한 번 보도록 하겠습니다. 팀원이 어느 날 보니까 팀장의 간섭이 심해지기 시작했습니다. 그래서 내가 반발심이 생겨서 일을 시키는 것만 형식적으로 했습니다. 그랬더니 성과가 하락했습니다. 그렇게 성과가 하락하니까 팀장은 당근과 채찍의 원칙에 따라 채찍을 들게 되었고 통제를 더욱 강화하게 된 것이었습니다. '아하, 그랬구나. 결국 내가 실적을 내지 못하니까 팀장이 촘촘히 관리를 하게 된 것이었구나.' 하는 것을 알 수가 있게 되었습니다.

이렇게 팀원 입장에서 시스템 사고를 했을 때 나쁜 놈은 누구일까요? 여기서 한번 더 인과관계의 순환구조를 살펴보겠습니다. 어느 날 팀장의 간섭이 심해지기 시작했습니다. 그래서 왜 팀장의 간섭이 심해졌을까를 따라가보니까 팀장이 통제를 강화하고 있었습니다. 다시 그 원인을 찾아서 거슬러올라가 보니까 팀장이 당근과 채찍이라는 원칙을 적용하고 있었습니다. 그런데 왜 당근과 채찍을 적용해서 나를 통제했을까 원인을 따라가보니까 나의 실적이 하락하고 있었던 것이었습니다. 왜 나의 실적이 하락했는지를 보았더니 내가 시키는 일만 형식적으로 하고 있었던 것입니다. 결국 내가 시키는 일만 형식적으로 하니까 실적이 하락하게 되었고, 그로 인해 팀장이 채찍을 들어 통제를 강화한 것이 간섭을 심하게 하는 원인이 되었다는 것을 인식하게 됐습니다. 팀원 역시도 시스템 사고 관점에서 자기를 괴롭힌 범인이 누구인가를 찾아보니까 '결국 나였구나.' 하는 것을 깨달을 수 있었습니다.

팀원이 팀장에게 간섭의 악순환을 하도록 만든 나쁜 놈이 바로 자기였다는 것을 알게 되었다면 문제는 해결될 수 있을까요? 당연히 그렇겠지요. 팀장이 간섭을 하더라도 자기가 형식적으로 일하지 않고 열심히 해서 실적을 상승시키면 당근을 주어 보상도 해주고 칭찬도 해주는 등 많은 도움을 주려고 하겠지요. 그러면 팀원 입장에서도 힘이 나서 더욱 열심히 일하게 될 것이고 그러면 실적이 더욱 상승하게 되겠지요. 그러면 팀장은 더욱 팀원에게 힘을 실어줄 것이고 이것이 성과 상승의 선순환 구조를 만들게 될 것이라 생각합니다.

이렇듯이 팀장이나 팀원이 자기 입장에서만 사고하는 단선적 사고하에서는 여러 문제를 만들어냅니다. 그런데 이러한 단선적인 사고에서 벗어나 상호작용의 전체 구조를 이해하면 어떠한 행동이 어떠한 결과를 가져올 것인지 예측할 수 있습니다. 그렇게 되면 이렇게 단선적 사고를 통해 만들어진 문제를 해결할 방법을 찾을 수 있게 됩니다. 이것이 바로 시스템 사고의 역할입니다. 이러한 시스템 사고를 할 수 있는 사람들이 리더가 될 수 있습니다.

리더는 무엇을 하는 사람인가요? 바로 문제를 해결하고 조직이 원하는 결과를 얻을 수 있도록 리더십을 발휘하는 사람들입니다. 그렇다면 위의 사례에서 누가 리더의 역할을 했나요? 팀장입니까? 아니면 팀원입니까? 리더는 팀장이나 팀원이 아니라 바로 시스템 사고를 통해 악순환 구조를 선순환 구조로 바꾼 사람입니다. 즉 리더는 직급이나 직책에 의해 결정되는 것이 아니라 시스템 사고를 통해 조직의 문제를 구조적으로 이해하고 해결하기 위해 행동할 수 있느냐에 따라 결정된다고 생각합니다. 이러한 측면에서 시스템 사고를 하는 사람만이 문제를 해결하기 위한 리더십을 발휘할 수 있다고 생각합니다. 따라서 저는 리더의 역할을 하는 사람은 반드시 시스템 사고를 할 수 있어야 한다고 생각합니다.

2

시스템 사고는 반응적 사고가 아닌 구조적 사고다

시스템 사고를 제대로 이해하고 활용하기 위해서는 한 가지 더 이해해야 할 개념이 있습니다. 그것은 시스템 사고는 구조적 사고라는 것입니다. 구조적 사고는 '구조가 행태를 결정한다. 그리고 행태는 구조에 영향을 미친다.'는 사고입니다. 다음 그림을 가지고 설명을 해보도록 하겠습니다.

사건이 발생했을 때 이에 대응하는 두 가지 관점이 있습니다. 하나는 사건이 발생하면 바로 반응하는 반응적 사고입니다. 가령 예를 들면 앞에서 팀장이 팀원의 성과가 하락했을 때 '안 되겠네. 통제를 강화해야지.'라고 한 것과 같은 즉각적인 반응입니다. 그 결과는 어떻게 되었나요? 문제가 해결되었나요? 아니면 오히려 문제가

사건을 대하는 두 가지 관점: 반응적 사고 대 구조적 사고

구조가 행태를 결정한다

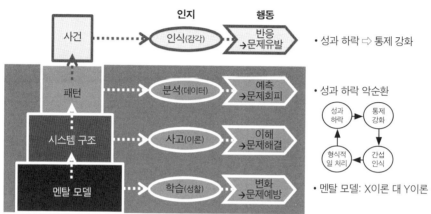

☑ 시스템 사고에서 가장 중요한 멘탈 모델은 목적 중심 + 전체 최적화(상호작용의 선순환 구조)

악화되었나요? 그렇습니다. 앞의 예와 같이 문제가 더욱 악화되는 것을 볼 수 있었습니다.

반응적 사고를 하는 사람보다 좀 더 합리적으로 사고하는 사람들은 사건이 일어나는 패턴을 봅니다. 사건이 한 번만 일어나고 마는 경우는 없습니다. 그러면 문제가 되지 않겠지요. 같은 사건이 반복되기 때문에 문제가 됩니다. 가령 앞의 예에서처럼 팀원의 성과는 계속해서 하락하는 패턴을 보입니다. 그러면 합리적으로 생각하는 팀장은 어떤 결정을 내릴까요? 팀원의 성과가 계속 하락할 것을 예측하고 내보내는 결정을 하게 되겠지요. 그래서 팀원을 내보내고 나서 다시 새로운 팀원을 받게 될 것입니다. 그러면 처음에는 팀원이 좋은 성과를 낼지도 모릅니다.

그러다 팀원의 성과가 하락하면 어떻게 될까요? 팀장의 촘촘한 관리가 들어갈 것입니다. 그때부터 팀원은 반발심이 생겨 시키는 일만 형식적으로 하면서 더욱 성과가 하락하는 악순환 구조에 빠지게 될 것입니다. 그런 악순환 구조가 만들어지면 팀원의 성과는 지속적으로 하락할 것이고 팀장은 또 패턴을 예측하게 되겠지요. 그리고 또 이 팀원도 안 되겠다고 내보내는 결정을 하게 될 것입니다. 이렇게 하면 문제가 해결될까요? 이것은 문제를 회피하는 것일 뿐 해결하는 것은 아니라고 생각합니다.

그렇다면 시스템 사고를 하는 사람들은 어떻게 할까요? 문제가 만들어지는 구조를 봅니다. 즉 사건이 이런 패턴을 가지고 나타나는 데는 그런 문제를 반복적으로 발생하게 만드는 구조가 있을 것이라고 생각하고 그 구조를 파악하려고 노력하는 것입니다. 이것이 구조적 사고입니다. 그러면 어떻게 될까요? 앞의 사례에서 팀원의 성과가 하락하면 팀장의 통제가 강화되고 그러면 팀원이 간섭으로 인식하고 일을 형식적으로 하게 되고 그러면 성과가 더욱 하락하게 되는 악순환 구조가 만들어진다고 했습니다. 팀장이든 팀원이든 이러한 악순환 구조가 만들어진다는 것을 알았다면 먼저 안 사람이 악순환 구조를 선순환 구조로 바꾸기 위한 행동을 할 수 있을 것입니다. 그렇게 하면 악순환 구조는 선순환 구조로 바뀌어 문제가 근본적으로 해결될 수 있을 것입니다. 이러한 구조적 사고가 시스템 사고를 하는 사람들이 문제를 해결하는 방식입니다.

시스템 사고를 하는 사람들은 한 번 더 들어갑니다. 그것은 이러한 시스템 구조는 왜 만들어졌는가를 따져보는 것입니다. 문제를 만들어내는 시스템 구조의 이면에는 이러한 시스템 구조를 만들어내는 멘탈 모델이 있습니다. 즉 멘탈 모델이 구조를 만들고 그 구조가 문제를 만들어내는 것입니다. 앞의 예에서 팀원의 성과 하락의 악순환 구조는 어떻게 만들어졌습니까? 팀원의 성과가 하락했을 때 팀장의 멘탈 모델은 무엇이었습니까? '당근과 채찍'이었습니다. 팀원의 성과가 하락했을 때 팀장은 '당근과 채찍'이라는 멘탈 모델에 따라 채찍을 들어야 한다면서 통제를 강화한 것이 팀원의 성과 하락의 악순환 구조를 만들어냈습니다.

그렇다면 팀장의 멘탈 모델이 달랐다면 이러한 악순환 구조가 만들어지지 않았을까요? 한번 보도록 하겠습니다. 팀장이 '당근과 채찍'이라는 멘탈 모델을 가지고 있다는 것은 사람을 보는 관점이 X이론과 Y이론 중 어디에 입각해 있는 것일까요? 네. 바로 X이론 관점에서 사람을 보고 있다고 할 수 있습니다. 그렇기 때문에 성과 하락이라는 문제가 발생했을 때 통제를 강화해야겠다는 결정을 하고 실제로 통제를 강화하는 행동을 했던 것입니다. 그 결과 어떻게 되었나요? 팀원의 의욕상실과 이로 인한 형식적 업무수행으로 성과가 지속적으로 하락하는 악순환 구조가 만들어졌습니다.

그렇다면 팀장이 Y이론 관점에서 접근했다면 달라졌을까요? 한번 보도록 하겠습니다. 팀장이 Y이론 관점에서 접근했다면 팀원의 성과 하락이라는 문제가 발생했을 때 어떻게 대응했을까요? Y이론 관점에서 대응하는 모습이란 팀원이 자율적으로 책임감을 가지고 업무를 수행할 수 있다고 생각하고 대응하는 것을 말합니다. 그렇다면 팀장은 팀원의 성과가 하락되었을 때 바로 통제를 하는 것 대신에 팀원이 자율적으로 책임감을 가지고 행하도록 배려하는 입장에서 접근할 것입니다. 그런 팀장이라면 먼저 팀원의 성과 하락의 원인이 무엇일까를 생각하게 될 것입니다.

앞에서 제시한 자율적인 업무수행을 위해 필요한 시스템에서 소개해 드린 대로 업무수행에 문제가 있다는 것은 업무수행 시스템에 문제가 있다는 것을 생각해 어떤 문제가 있길래 팀원의 실적이 하락되었는가를 분석해 보게 될 것입니다. 선행자극에 해당하는 방향설정이 명확하지 않았는가? 아니면 팀원의 역량이 부족한 것인가? 행동 측면에서 무엇을 해야 하는지가 명확하게 제시되지 않았는가? 아니면 어떻게 해야 하는지가 명확하지 않았는가? 후행자극에 해당하는 결과에 대한 반응이 긍정적이지 않았는가? 이러한 점들을 살펴보고 잘못된 부분을 개선해줌으로써 다시 업무성과를 올릴 수 있도록 지원해 줄 것입니다.

그러면 팀원은 이러한 팀장의 지원을 어떻게 받아들일까요? 당연히 고맙게 생각할 것이고 그러면 더욱 힘이 나서 열심히 업무를 수행해 나갈 수 있겠지요. 그러면 성과 하락의 악순환 대신에 성과 상승의 선순환 구조가 만들어질 것입니다. 즉 멘탈 모델이 악순환 구조를 만들기도 하고 선순환 구조를 만들기도 한다는 것입니다. 따라서 스스로 내가 어떤 멘탈 모델을 가지고 있고 그래서 어떠한 피드백 구조를 만들어내는지에 대해 이해하고 악순환 구조를 선순환 구조로 바꿀 수 있는 것이 무엇인지 배워서 업무에 적용할 수가 있다면 성과를 지속적으로 향상시킬 수 있는 선순환 구조를 만들어갈 수 있을 것입니다.

그런데 우리는 이미 HR 교육과정을 통해 리더십 등과 같은 선순환 구조를 만들어내는 멘탈 모델에 대해 배우고 있습니다. 문제는 무엇인가요? HR 교육을 통해 리더십과 같은 멘탈 모델을 변화시킬 수 있는 교육을 받으면 바로 다음 날부터 현업에 적용해서 훌륭하게 리더십을 발휘하나요? 이렇게 질문하면 대부분 그렇게 하지 못한다고 합니다. 왜 그럴까요? 저는 HR 교육이 시스템 구조와 연계해 생각할 수 있도록 구성되어 있지 않기 때문이라고 생각합니다.

가령 HR 교육과정에서 리더십을 교육할 때 X이론 관점에서 구성원들을 대할 때와 Y이론 관점에서 구성원들을 대할 때 성과의 순환구조가 어떻게 달라지는지를 바로 알도록 구성한다면 어떻게 될까요? '이론은 이론이고 현실은 현실이다.'라는 생각으로 교육을 받자마자 바로 잊어버릴 수 있을까요? 현업에 돌아와 실제 어떤 순환구조가 만들어지는지 살펴보고 개선하기 위해 어떤 멘탈 모델로 리더십을 발휘할 것인가에 대해 한 번 더 생각해볼 수 있지 않을까요? 그리고 이미 리더들에게 시스템 사고가 내재화되어 있다면 HR 교육을 받는 과정에서 각 멘탈 모델에 따른 순환구조를 예상해보고 어떤 멘탈 모델이 선순환 구조를 만들어낼 수 있는지 생각해 볼 수 있지 않을까요? 그러면 자연스럽게 HR 교육의 효과가 바로 현장에서 나타날 수 있으리라 생각합니다.

여기서 한 가지 더 말씀드리고 싶은 것은 그렇다면 어떤 멘탈 모델을 갖추면 성과를 지속적으로 개선할 수 있는 선순환 구조를 만들어낼 수 있을까 하는 것입니다. 이것은 이미 앞에서 시스템을 설명할 때 이미 언급했던 내용들입니다.

먼저 '모든 일은 시스템으로 이루어져 있다.'라는 관점에서 접근할 필요가 있습니다. 모든 일이 시스템으로 이루어져 있다면 무엇에서 출발해야 하나요? 바로 목적에서 출발해야 합니다. '왜 이 일을 하는 거지?'에서 출발해야 한다는 것입니다. 왜 이 일을 하는지 명확하게 한 다음 '그렇다면 이러한 목적을 달성하기 위해서는 어떻게 일해야 하지?'라는 질문에 답하는 방식으로 일해야 합니다. 다음으로 '그렇게 해서 만들어진 결과물이 무엇이지?' '그 결과물은 원래의 목적에 맞는 결과물인가?' 하는 관점에서 피드백해야 합니다. 이러한 작업순서에 따라 업무를 수행하면 성과 향상의 선순환 구조를 만들어갈 수 있습니다.

그리고 시스템 구조 측면에서는 '부분 최적화'가 아닌 '전체 최적화' 관점에서 일을 추진해나가야 합니다. 부분 최적화는 자신에게 당장은 유리한 결정일지 모르지만 전체 조직에 심대한 문제를 일으키고 그로 인해 자신도 죽는 결과로 귀결될 수 있습니다. 나의 이익이 무엇이냐 하는 부분 최적화 관점이 아니라 상위 시스템의 이익이 무엇이냐 하는 전체 최적화 관점에서 접근하는 것입니다. 팀원이라면 팀, 팀이라면 회사, 회사라면 사회 또는 시장의 이익이 무엇이냐를 생각하여 그 이익을 위해 업무를 수행하는 관점입니다. 이렇게 했을 때 장기적으로 나의 이익도 보장이 됩니다.

그리고 성과 측면에서는 효율성보다는 효과성을 추구해야 합니다. 앞에서 말씀드린 목적을 최우선으로 생각하고 전체 최적화 관점에서 접근한다면 자연스럽게 성과 또한 목적을 달성하는 데 필요한 것이 무엇인가를 생각하는 효과성 관점이 효율성 관점보다 우선하게 됩니다.

사람에 대한 관점에서 X이론을 취해야 하느냐, Y이론을 취해야 하느냐 하는 것은 자율과 책임에 따라 일을 할 수 있는 시스템이 갖추어져 있느냐 아니냐에 따라 달라질 수 있습니다. 만약에 시스템이 갖추어져 있지 않은 상태에서 개인의 자율에 맡기게 되면 방임이 됩니다. 개인은 무엇을 어떻게 해야 할지에 대해 알 수 없는 상태에서 자신이 다 알아서 해야 하는 상황이 되면 멘붕에 빠질 수밖에 없습니다. 그러면 업무에 집중하지 못해 성과를 낼 수 없게 됩니다. 이럴 때는 차라리 X이론 관점에서 사람에 의한 관리가 이루어지는 것이 훨씬 생산성을 높일 수 있는 방법이 됩니다. 즉 관리자가 이 일의 목적과 달성해야 할 목표가 무엇인지 알려주고, 어떻게 하는 것이 좀 더 효율적으로 할 수 있는지 알려주고, 수행한 결과가 어떤지를 일일이 검토해 방향을 제시하는 것이 그냥 방치하는 것보다는 훨씬 높은 생산성을 낼 수 있다는 것입니다.

이와 반대로 사람으로 관리하던 것을 시스템화해 스스로 무엇을 어떻게 할지, 그래서 어떤 결과를 내야 하는지, 실제 그러한 결과를 냈는지를 알 수 있는 시스템이 갖추어져 있다면 Y이론 관점에서 구성원 스스로 알아서 일할 수 있도록 하는 것이 훨씬 높은 생산성을 올릴 수 있습니다. 이를 정리하면 구성원들의 성과를 높이기 위해서는 구성원들을 방임하는 것보다는 X이론에 기반한 관리를 하는 것이 낫습니다. 그리고 X이론에 기반한 관리를 하는 것보다는 자율적으로 일을 할 수 있는 시스템을 갖추어놓고 Y이론에 기반해서 자율적으로 업무를 수행할 수 있도록 만들어주는 것이 가장 좋습니다.

3

의도하지 않은 결과에 주목하라

　이러한 시스템 사고의 효과를 눈으로 확인할 수 있는 사례를 들어 설명해 보겠습니다. 이 사례는 카이스트 장영재 교수의 저서 『경영학 콘서트』에 수록된 사례로 대기이론을 설명하기 위한 가상의 사례인데 시스템 사고의 사례로 재구성해봤습니다.

　지방 소도시에서 콜택시를 경영하는 K씨는 과학적인 경영에 열정적인 사람입니다. 그래서 평소에 경영 관련 서적이나 강의 및 세미나를 열심히 보고 듣는 것이 습관화되어 있습니다. 그러다 어느 날 도요타 경영에 관한 책을 읽었는데 '마른 수건도 짠다.'라는 낭비 제거 정신에 감명받고 수익을 높이기 위해 비용절감을 해야겠다고 생각합니다. 그래서 회사에 출근하자마자 한 달간의 택시 운

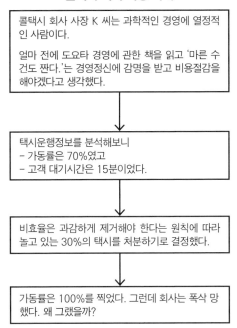

콜택시 회사 사장 사례

콜택시 회사 사장 K 씨는 과학적인 경영에 열정적인 사람이다.

얼마 전에 도요타 경영에 관한 책을 읽고 '마른 수건도 짠다.'는 경영정신에 감명을 받고 비용절감을 해야겠다고 생각했다.

택시운행정보를 분석해보니
- 가동률은 70%였고
- 고객 대기시간은 15분이었다.

비효율은 과감하게 제거해야 한다는 원칙에 따라 놀고 있는 30%의 택시를 처분하기로 결정했다.

가동률은 100%를 찍었다. 그런데 회사는 폭삭 망했다. 왜 그랬을까?

장영재 교수의 『경영학 콘서트』 사례 참조

행기록을 분석해보았습니다. 그랬더니 평균 가동률이 70%로 나타났습니다. 가동률이 70%라는 사실에 충격을 받고 비효율은 과감하게 제거해야 한다는 원칙을 정하고 놀고 있는 30%의 택시를 처분해버렸습니다. 그러자 잠시 가동률은 100%를 찍었습니다. 그런데 얼마 지나지 않아 회사가 급격히 어려워졌습니다. 왜 그랬을까요? 가동률은 100%를 찍었는데 회사가 어려워지다니 대체 뭐가 잘못된 것일까요?

이 회사는 어떤 구조로 운영되는지 한번 그려보겠습니다. 시스템 사고에서는 각 조직의 운영구조를 인과지도CLD: Causal Loop Diagram를 통해 그려볼 수 있습니다. 이 회사 사장님은 수익률을 높이려면 가동률을 100%로 찍어야 한다고 생각했습니다. 그래서 가동률을 100%로 만들기 위해 놀고 있는 30%의 택시를 처분해버렸습니다. 그랬더니 잠깐 동안은 가동률이 100%를 찍었고 수익률도 조금 좋아졌습니다. 여기까지는 사장님이 의도했던 부분입니다.

그런데 조금 지나니까 의도하지 않은 결과가 나타났습니다. 택시 수를 줄이니까 고객 대기시간이 대폭 길어졌던 것입니다. 기존에는 15분이면 오던 택시가 한 시간이 지나도 오지 않은 것입니다. 그러자 고객들의 불만이 높아졌습니다. 고객들은 한 시간이나 기다려야 하는 택시를 더 이상 이용하지 않거나 좋지 않은 입소문을 내기 시작했습니다. 그러자 택시 이용이 저조해졌습니다. 그러자 다시 가동률이 떨어졌습니다. 가동률이 떨어지니까 수익률이 낮아졌습니다.

사장님은 다시 수익률을 높이기 위해 가동률을 100%로 만들어야 했고 그러기 위해서는 다시 놀고 있는 택시를 팔아야 했습니다. 그러자 다시 고객 대기시간이 늘어났고 고객 불만은 더욱 커지고 악소문이 나고 재이용을 하지 않으면서 이용이 다시 저조해지는 악순환 고리가 만들어졌습니다. 그렇게 해서 회사는 급격하게 어

인과지도: 콜택시 회사의 운영구조

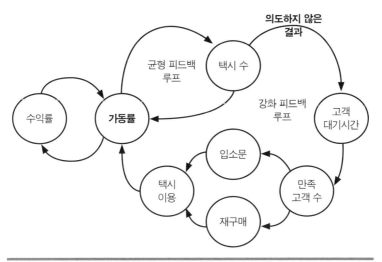

의도하지 않은 결과에 주목해야 한다.

려워졌던 것입니다.

만약에 사장님이 이런 구조가 작동한다는 것을 알고 있었다면 택시를 처분하겠다는 결정을 내릴 수 있었을까요? 사장님은 단선적 사고로 비용을 절감하면 수익이 높아질 것이라는 생각에서 택시를 처분하겠다는 결정을 내렸습니다. 하지만 이 회사는 비용절감을 위해 택시 수를 줄이면 오히려 회사가 어려워지는 구조를 가지고 있었습니다. 이 회사 사장님이 시스템 사고로 회사의 운영구조를 인과지도로 그려볼 수 있었으면 회사가 망하는 결정을 내리는 것 대신에 회사가 흥하는 결정을 내릴 수도 있었을 것이라 생각합니다.

 그렇다면 이 회사가 흥하려면 사장님은 어떤 결정을 내려야 할까요? 이 회사의 구조를 보면 흥망의 열쇠를 쥐고 있는 것은 고객만족입니다. 고객을 만족시키려면 어떻게 해야 할까요? 이 사례에서는 고객 대기시간을 줄여주면 됩니다. 고객 대기시간을 줄이려면 택시 수를 늘려야 합니다. 택시 수를 늘리면 가동률은 떨어집니다. 그러면 수익률 또한 줄어듭니다. 즉 고객만족을 위한 투자는 단기적으로는 수익이 줄어드는 비효율을 발생시킵니다. 경영자는 이러한 비효율을 감수하고 고객만족을 위한 투자를 할 수 있어야 성장의 선순환 구조를 만들어낼 수 있습니다.

 택시 수를 늘려서 고객 대기시간을 줄였다고 하겠습니다. 고객 대기시간을 줄이면 만족하는 고객이 늘어납니다. 만족하는 고객들이 늘어나면 어떤 일이 벌어질까요? 고객들은 대기시간이 짧은 이 택시를 다시 이용하게 될 것이고 좋은 입소문도 내줄 것입니다. 그러면 택시 이용이 많이 늘어나겠지요. 그러면 가동률은 어떻게 될까요? 높아지겠지요. 그러면 수익률도 높아질 것입니다. 비용절감을 통해 달성하고자 했던 가동률 제고와 수익률 제고가 정반대의 결정인 고객 대기시간을 줄이기 위한 택시 수 늘리기를 통해 달성된 것입니다. 이제 가동률이 높아지면 고객 대기시간은 어떻게 될까요? 늘어날 것입니다. 그것을 예방하기 위해서는 다시 택시 수를 늘려야 합니다.

그래서 택시 수를 늘리면 다시 고객 대기시간이 줄어들고 만족하는 고객이 많아지고 재구매율과 입소문이 좋아지면서 택시 이용이 다시 늘어나는 선순환 구조를 만들어낼 것입니다. 똑같은 운영구조에서 어떤 결성을 내리느냐에 따라 악순환 구조도 민들이지고 선순환 구조도 만들어진다는 것을 알 수 있었습니다. 따라서 우리가 무슨 결정을 내리고 행동에 옮기기 전에 우리 회사의 운영구조가 어떤 구조를 가지는지를 먼저 파악한 후 결정을 내리는 것이 필요하다고 할 수 있습니다.

4

논리적 사고와 시스템 사고는
어떤 차이가 있는가

여기서 이 사례와 관련하여 한 가지 더 알아야 할 것이 있습니다. 그것은 논리적 사고와 시스템 사고의 차이에 관한 것입니다. 우리가 일반적으로 문제를 해결하기 위한 도구로 논리적 사고의 로직트리Logic Tree를 활용합니다. 미시MECE, Mutually Exclusive, Collectively Exhaustive 관점에서 로직트리를 활용하여 문제를 분석하여 해결방안을 도출하려고 합니다. 이러한 미시 관점의 로직트리와 시스템 사고의 인과지도CLD, Causal Loop Diagram를 비교해 각각의 도구를 문제해결에 어떻게 활용할 수 있는지에 대해 말씀드려보겠습니다.

논리적 사고의 로직트리는 기본적으로 단선적 사고를 기반으로 논리를 전개합니다. '매출을 높이면 수익이 올라간다. 비용을 줄이면 수익이 올라간다.'라는 단선적 사고에서 출발합니다. 이렇게 로직트리를 통해 수익을 올리는 구조에 대해 한 번 구성해보겠습니다. 먼저 매출 부분을 한번 보도록 하겠습니다. 수익을 올리려면 매출을 올려야 합니다. 매출을 올리려면 앞의 사례에서 고객 대기시간을 줄여야 합니다. 고객 대기시간을 줄이려면 택시 수를 늘려야 합니다. 이제는 같은 방식으로 비용 부분을 보도록 하겠습니다. 수익을 올리려면 비용을 줄여야 합니다. 비용을 줄이려면 가동률을 높여야 합니다. 가동률을 높이려면 택시 수를 어떻게 해야 할까요? 줄여야 합니다. 보시다시피 수익을 높이기 위해서는 매출 부분에서는 택시 수를 늘려야 하는 것으로 나타났고 비용 부분에서는 택시 수를 줄여야 하는 것으로 나타났습니다. 모순이지요. 이럴 때 경영자는 어떤 결정을 내려야 할까요? 택시 수를 줄여야 할까요? 늘려야 할까요?

로직트리를 그려보면 부분적으로는 합리적입니다. 수익을 올리려면 매출을 늘려야 합니다. 논리적으로 맞죠? 수익을 올리려면 비용을 줄여야 합니다. 논리적으로 문제가 있나요? 아닙니다. 논리적으로는 모두 맞습니다. 그런데 부분적으로는 합리적인 선택이 전체적으로는 어떻게 되었습니까? 한쪽은 택시 수를 늘려야 하는 것으로 나타났고 한쪽은 택시 수를 줄여야 하는 것으로 나타났습니

논리적 사고 대 시스템 사고

논리적 사고(로직트리)
⇨ 부분적으로 보면? 장님 코끼리 만지기

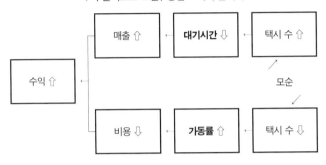

부분의 합리성 ⋯▸ 전체의 비합리성

시스템 사고(인과지도)
⇨ 전체 구조로 보면? 코끼리 전체보기

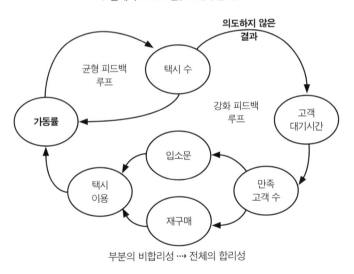

부분의 비합리성 ⋯▸ 전체의 합리성

다. 모순적인 상황이 만들어진 것이죠? 따라서 부분적인 합리성이 전체적인 합리성을 보장해 주지는 못한다는 것을 알 수 있습니다.

그런데 각 회사에서 운영하는 성과지표가 모두 이런 논리적 사고에 기반하여 구성됨으로 인해 부분적으로만 합리적이고 전체적으로는 모순되는 구조로 만들어져 있습니다. 실제로 많은 분들이 회사의 성과지표가 이렇게 모순구조로 되어 있어서 특정사안에 대해 부서별로 정반대의 주장을 하고 있다고 얘기합니다. 어느 선사의 경우 정기선을 운항할 때 특정항구를 경유할지 말지를 결정해야 하는데요. 영업부서는 반드시 경유해서 하나라도 더 실어야 한다고 주장하고 운영부서는 소요되는 비용과 시간이 오히려 더 들어 비효율적이라며 경유하지 말자고 주장한다고 합니다. 이는 영업부서의 성과지표와 운영부서의 성과지표가 정반대의 결정을 요구하게 만든 결과입니다.

그러면 시스템 사고를 통해 인과지도를 그려보면 상황이 달라질까요? 한번 보도록 하겠습니다. 먼저 수익률을 높이기 위해 비용절감 관점에서 가동률을 높이는 결정을 통해 택시 수를 줄이면 어떤 결과가 나올까요? 고객 대기시간이 늘어나고 이에 따라 고객 불만이 폭발해 재이용을 안 하고 입소문이 안 좋아져서 결국 택시 이용이 줄어들고 가동률이 떨어져 다시 가동률을 높이기 위해 택시 수를 줄여야 하는 악순환 구조가 만들어집니다. 반대로 수익률을 높이기 위해 매출 증대 관점에서 고객 대기시간을 줄이기 위해 택시 수를 늘리는 결정을 하면 어떤 결과가 나올까요? 만족하는 고객이 늘어나면서 입소문도 좋아지고 재구매율도 높아져서 택시 이용이 늘어나고 결국 가동률도 높아지는 선순환 구조가 만들어집니다. 이렇듯이 시스템 사고를 통해 우리 회사의 운영구조를 이해하면 어떤 의사결정을 내리면 어떤 결과를 가져온다는 것을 알 수 있기 때문에 지속적인 성장을 가져오는 결정을 내릴 수가 있게 됩니다.

시스템 사고를 하면 부분적으로는 비합리적인 결정이 전체적으로는 합리적인 결정으로 전환되는 결과를 가져온다는 것을 알 수 있습니다. 위의 예에서 고객 대기시간을 줄이기 위해 택시 수를 늘리면 가동률이 낮아지고 수익률이 떨어지는 비효율이 발생합니다. 이러한 부분적인 비효율을 감수하고 택시 수를 늘려서 고객 대기시간을 줄이는 결정을 내리면 만족하는 고객들이 증가하면서 입소문도 좋아지고 재구매율도 높아져서 택시 이용을 끌어올리고 결과적으로 가동률을 높이고 수익률을 높이는 결과를 만들어냈습니다. 즉 부분적으로는 비효율을 감수해야 하는 비합리적인 결정이 되지만 전체적으로는 성장의 선순환 구조를 만들어내는 합리적인 결정이 되는 것입니다.

따라서 각 회사의 운영구조를 파악해 부분적으로는 합리적일지 모르지만 전체적으로는 모순을 가져오는 성과지표를 재검토해 부분적으로는 비합리적일지 모르지만 전체적으로는 합리적인 성과 지표로 재구성해야 한다고 생각합니다. 이렇게 말씀드리니까 대기업에 근무하는 분께서 아마 기업조직에서 이러한 개념을 적용하기가 쉽지 않을 것이라고 얘기하셨습니다. 이유인즉, 대기업의 각 구성원들은 자기의 이익을 위해 일하는 경우가 많은데 그래서 성과 지표 또한 본인부서의 이익을 위해 구성한 경우가 많아서 그 구조를 바꾸려고 한다면 개인에게 불이익을 가져올 수 있어 거부할 수밖에 없을 것이라고 했습니다. 이러한 문제를 해결하기 위해서는 성과평가 또한 전체 최적화 관점에서 전체에게 이익이 되는 활동을 해야 좋은 평가를 받을 수 있는 구조를 만들어놓아야 할 것 같습니다.

그렇다면 어떻게 하면 그러한 구조를 만들 수 있을까요? 현재 사용하고 있는 핵심성과지표KPI, Key Performance Indicator 또는 핵심성공요소KSFs, Key Success Factors에 의한 성과관리를 핵심성공루프KSLs, Key Success Loops로 업그레이드하면 가능할 것이라 생각합니다. 핵심성공요소KSFs를 핵심성공루프KSLs로 업그레이드하는 방법은 핵심성공요소KSFs 각 요소를 인과관계로 연결하여 순환구조를 만드는 것입니다. 이러한 순환구조를 전사적인 차원으로 확장하게 되면 전사의 모든 구성원들을 한 방향으로 정렬할 수 있습니다. 그러면 전사 구성원들 간의 시너지를 만들어낼 수 있어 회사를 급속하게 성장시킬 수가 있게 됩니다.

4장

어떻게 시스템 사고로
문제를 해결하는가

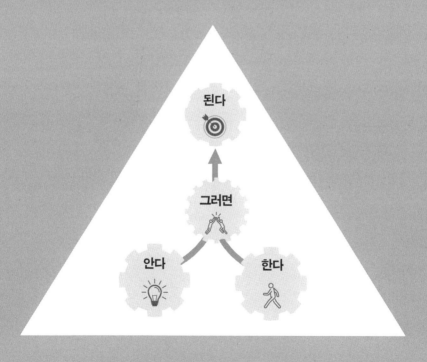

1

시스템 사고의 도구인
인과지도를 그려라

지금까지 시스템 사고의 개념에 대해 말씀드렸습니다. 이제부터는 시스템 사고의 도구인 인과지도를 어떻게 그릴 수 있는지에 대해 알아보고 또 시스템 사고를 통해 어떻게 문제를 해결해 나갈 수 있는지에 대해 알아보도록 하겠습니다.

시스템 사고를 활용하려면 인과지도로 피드백 구조를 그려볼 수 있어야 합니다. 이제부터는 인과지도를 통해 피드백 구조를 그리는 방법에 대해 배워보도록 하겠습니다. 인과지도는 원인과 결과의 피드백 구조를 그리는 도구입니다. 이러한 피드백 구조를 그리려면 먼저 원인과 결과 그리고 이를 서로 연결하는 화살표가 필요합니다. 이러한 화살표를 통해 원인과 결과를 연결하면 피드백 구조가 만들어집니다. 이러한 피드백 구조에는 강화 피드백 루프와 균형 피드백 루프라고 하는 두 가지 요소가 있습니다. 그리고 지연이라는 요소가 작동하는 경우가 있습니다. 따라서 시스템 사고의 구성은 강화 피드백 루프와 균형 피드백 루프 그리고 지연이라는 요소로 이루어집니다.

시스템 사고의 첫 번째 구성요소는 강화 피드백 루프입니다.

강화 피드백 루프는 원인이 결과를 더 크게 증폭시키고 결과가 다시 원인이 되어 그다음 결과를 더 크게 증폭시켜 인과관계가 진행될수록 점점 더 결과가 커지는 구조를 말합니다. 그렇게 해서 피드백 루프가 한 바퀴 돌수록 더욱 결과가 커지는 패턴을 나타냅니다. 이러한 패턴에는 악순환 구조와 선순환 구조가 있습니다.

그림의 사례를 통해 설명해보겠습니다. 먼저 선순환 구조가 발생하는 경우를 보면 판매과정에서 제품의 품질도 좋고 서비스의 품질도 좋아서 만족하는 고객 수가 늘어나고 만족하는 고객 수가 늘어나면서 입소문도 더욱 좋아지고 입소문이 좋아지면서 판매도 더욱 늘어나는 구조입니다. 판매가 늘어나면 투자할 자금이 많아져 다시 판매과정에서 제품과 서비스의 품질이 더욱 좋아집니다. 이렇게 강화 피드백 루프가 한 바퀴 돌 때마다 판매, 만족하는 고객, 그리고 입소문이 좋아지는 선순환 구조가 만들어집니다.

강화 피드백 루프

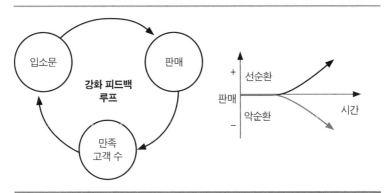

문제는 악순환 구조가 만들어지는 것이다. 해결책은 악순환 구조를 선순환 구조로 바꾸는 것이다.

반대의 경우도 한 번 살펴보겠습니다. 악순환 구조가 발생하는 경우를 보면 판매과정에서 제품의 품질도 안 좋고 서비스도 나빠서 고객들이 불만을 갖게 되고 불만을 가진 고객들이 많아지면 입소문도 안 좋아지고 입소문이 안 좋아지면 판매도 안 되는 구조입니다. 판매가 안 되면 투자할 자금이 없어져서 다시 판매과정에서 제품과 서비스의 품질이 더 떨어지게 되어 있습니다. 따라서 고객들이 더 큰 불만을 갖게 되어 강화 피드백 루프가 한 바퀴 돌 때마다 판매가 더욱 저조해지는 악순환 구조가 만들어집니다. 이렇게 피드백 구조가 한 바퀴 돌 때마다 상황이 더욱 좋아지거나 더욱 악화되어 가는 피드백 구조를 강화 피드백 루프라고 합니다.

이러한 강화 피드백 루프에서의 이슈는 뭘까요? 바로 악순환 구조를 선순환 구조로 바꾸는 것입니다. 강화 피드백 루프에서는 구조 자체가 성장의 구조를 가지고 있습니다. 따라서 어떻게 하면 성장할 수 있도록 할 것인가를 고민하여 성장을 가로막거나 또는 악순환 구조를 만드는 요소를 찾아서 개선함으로써 선순환 구조를 만들어갈 수 있도록 변화시키는 것이 필요합니다.

이러한 강화 피드백 루프는 앞에서 설명한 행동제어 시스템과 몰입지원 시스템 중 몰입지원 시스템과 같은 특성을 가집니다. 몰입지원 시스템의 핵심은 어떻게 하면 성취감을 느끼게 하고 지속적으로 성취감을 고조시켜 가게 할 것인가, 그렇게 함으로써 지속적으로 성장하도록 할 것인가에 초점이 맞추어져 있습니다. 이는 강화 피드백 루프와 같은 이슈를 가진다고 볼 수 있습니다. 되는 구조를 알고 되는 구조를 만들면 원하는 것을 얻을 수 있다고 했습니다. 강화 피드백 루프가 작동하는 경우에는 몰입지원 시스템의 원리와 같이 어떻게 하면 성취감을 느끼게 할 수 있을까에 초점을 맞추어 구조를 만들면 우리가 원하는 바대로 지속적으로 성장할 수 있게 될 것입니다.

시스템 사고의 두 번째 구성요소는 균형 피드백 루프입니다.

균형 피드백 루프는 외부에서 목표가 주어졌을 때 나타나는 구조로 현재 수준과 목표 수준과 비교하여 현재 수준이 목표 수준에 미치지 못하면 목표 수준에 이를 수 있는 행동을 함으로써 점차 목표 수준에 맞추어가는 구조입니다. 균형 피드백 루프에서는 피드백 루프가 한 바퀴 돌면서 현재 수준이 점차 목표 수준으로 수렴해 갑니다.

여기에서 한 가지 주의해야 할 것은 현재 수준이 목표 수준보다 낮으면 높이는 행동을 통해 목표 수준에 수렴해 갈 수 있도록 해야 합니다. 그리고 현재 수준이 목표 수준보다 높으면 낮추는 행동을 통해 목표 수준에 수렴해 갈 수 있도록 해야 합니다. 현재 수준이 높든 낮든 목표 수준에서 벗어나면 그것을 조정하려는 행동을 통해 목표 수준에서 안정이 될 수 있도록 하는 것이 핵심입니다.

그림의 사례를 들어 설명해 보겠습니다. 목표 재고가 설정되어 있을 때 만약 현재 재고가 목표 재고보다 적으면 재고 보충을 통해 현재의 재고 수준을 목표 재고 수준으로 끌어올립니다. 반대로 현재 재고가 목표 재고보다 많으면 재고를 더 이상 보충하지 않고 목표 재고 수준으로 낮아질 때까지 기다립니다. 그렇게 함으로써 현재 재고 수준을 목표 재고 수준으로 일정하게 유지할 수가 있습니다. 이렇게 목표 수준이 존재할 때 현재 수준을 목표 수준에서 벗어나지 않도록 꾸준히 관리할 때 나타나는 구조가 균형 피드백 루프입니다.

이러한 균형 피드백 루프에서 문제는 무엇일까요? 현재 수준이

균형 피드백 루프

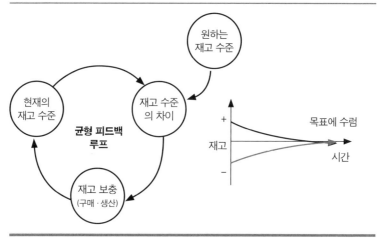

문제는 목표와 현실의 갭이 큰 것이다. 해결책은 현실 수준을 목표 수준에 맞추는 것이다.

목표 수준보다 높거나 낮은 것, 즉 현재 수준과 목표 수준과의 차이가 문제입니다. 그럴 때 해결 방향은 현재 수준이 목표 수준을 벗어나면 자동적으로 맞추는 활동을 하는 것입니다. 에어컨디셔너가 바로 그러한 역할을 합니다. 현재의 온도가 목표 온도보다 낮으면 난방을 가동해 현재의 온도를 목표 온도까지 올립니다. 반대로 현재의 온도가 목표 온도보다 높으면 냉방을 가동해 목표 온도까지 낮춥니다. 이것이 바로 균형 피드백 루프에서의 문제해결입니다.

또한 균형 피드백 루프에서도 성장이 가능한데 그것은 균형 피드백 루프를 작동하게 하는 목표 수준을 높임으로써 가능합니다. 현재 수준보다 더 높은 수준의 목표가 주어지면 균형 피드백 루프는 더 큰 목표 수준과의 차이를 줄이기 위해 작동하기 시작합니다. 그렇게 함으로써 균형 피드백 루프에서의 성장이 가능해지는 것입니다. 이러한 균형 피드백 루프는 앞에서 설명한 행동제어 시스템과 몰입지원 시스템 중 행동제어 시스템과 같은 구조를 가집니다. 행동제어 시스템의 핵심은 어떻게 하면 바람직히지 않는 행동을 하지 않고 바람직한 행동을 할 수 있도록 할 것인가에 초점이 맞추어져 있습니다. 즉 바람직한 행동이라고 하는 기준을 정해놓고 행동하도록 하는 것이 행동제어 시스템의 핵심입니다. 이는 균형 피드백 루프와 같은 이슈를 가진다고 볼 수 있습니다.

따라서 균형 피드백 루프가 작동하는 경우에는 행동제어 시스템의 원리와 같이 바람직한 행동을 기준으로 정해놓고 기준을 벗어나는 경우에는 바로 개선하는 행동을 할 수 있게 구조를 만들어놓으면 됩니다. 그럼 우리가 원하는 바대로 바람직한 결과를 지속적으로 만들어갈 수 있게 될 것입니다.

시스템 사고의 세 번째 구성요소는 지연입니다.

지연은 행동과 결과 사이가 바로 연결이 되지 않는 상황을 말합니다. 즉 행동을 했는데 그 결과가 바로 나타나지 않고 한참 후에 나타난다든지 행동을 한 장소와 다른 장소에서 나타나는 현상을 말하는 것입니다. 이에는 행동의 결과가 한참 시간이 지난 후에 나

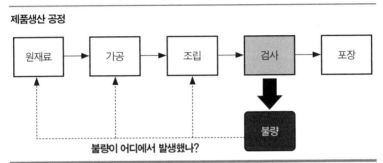

지연 사례

제품생산 공정

원재료 → 가공 → 조립 → 검사 → 포장

검사 → 불량

불량이 어디에서 발생했나?

문제는 원인에 대한 결과가 바로 나타나지 않은 것이다. 해결책은 원인에 대한 결과가 바로 나타나게 하는 것이다.

타나는 시간지연과 행동의 결과가 행동한 장소가 아닌 다른 장소에서 결과가 나타나는 공간지연이 있습니다. 그런데 문제는 지연이라는 요소가 문제를 은폐하여 인식하지 못하게 함으로써 문제해결을 어렵게 만드는 역할을 한다는 것입니다.

그림의 사례를 통해 설명해드리겠습니다. 제조공정은 일반적으로 다음 사례와 같이 원재료를 가져다가 부품을 가공하고 가공된 부품을 조립한 후 검사과정을 통해 불량품을 걸러내고 양품만을 포장해 판매하는 과정으로 이루어져 있습니다. 이 과정에서 보면 검사공정에서 불량이 검출되는데 불량품은 언제 만들어진 것인가요? 그 전 공정, 즉 원재료가 불량이었거나 가공공정이나 조립공정에서 만들어진 불량이 검사공정에서 검출된 것입니다. 이것을 지연이라고 합니다. 불량품이 검출된 상황을 보면 시간지연과 공간

지연이 같이 나타나고 있다고 볼 수 있습니다. 즉 이전 시간에 이전 장소에서 만들어진 불량이 검사공정에서 검출된 것입니다. 이 사례를 통해 지연이 어떤 것인지에 대해서는 이해하셨을 것이라 생각합니다.

이제부터는 이러한 지연이 어떤 역할을 하는지 보도록 하겠습니다. 앞 사례에서 만약에 원재료가 불량이었다면 어떤 일이 벌어질까요? 불량인 원재료를 가지고 가공작업을 했다면 가공작업을 통해 나온 것은 무엇일까요? 불량부품이겠지요. 그리고 불량부품을 가지고 조립작업을 했다면 조립작업을 통해 나온 것은 무엇일까요? 불량제품이겠지요. 그렇다면 원재료가 불량이었을 경우 뒷공정인 가공공정과 조립공정은 무엇을 만들기 위해 일한 것이 되나요? 바로 불량품을 만들기 위해 열심히 일한 것이 됩니다. 이것을 낭비라고 합니다. 지연은 이렇듯이 낭비를 발생시키는 원흉이 됩니다. 지연의 영향은 이것만이 아닙니다. 불량이 발생한 곳이 아닌 다른 곳에서 발견된다면 불량이 왜 만들어졌는지 알 수가 없게 됩니다. 그렇게 되면 불량이 어떻게 만들어지는지 알지 못하기 때문에 계속 만들어질 수밖에 없게 됩니다. 지연으로 인해 불량을 근본적으로 방지할 방법을 찾을 수 없어 계속 만들 수밖에 없게 되는 것입니다. 따라서 이런 문제를 해결하기 위해서는 지연을 제거해야 합니다. 지연을 없앨 수 없다면 최소한 지연이 있다는 것을 알아야 하고 그래서 그 영향을 최소화하는 방법을 강구할 수 있어야 합니다.

도요타에서는 이러한 불량에 의한 낭비를 적으로 규정하고 없애기 위해 검사공정을 따로 두지 않고 매공정마다 불량을 걸러내는 기능을 두고 있습니다. 즉 원재료가 입고되면 바로 수입검사를 합니다. 검사를 통해 불량이 아닌 것만 다음 단계인 가공공정으로 넘깁니다. 가공공정에서는 원재료를 받을 때 또 검사를 합니다. 그래서 불량이 아닌 것만 가지고 가공작업을 합니다. 가공공정이 끝나면 또 불량 여부를 확인합니다. 그래서 불량이 아닌 것만 다음 단계인 조립공정으로 넘깁니다. 조립공정에서는 부품을 받을 때 또 검사를 합니다. 그래서 불량이 아닌 것만 가지고 조립작업을 합니다. 조립작업이 끝나면 또 불량 여부를 확인합니다. 그래서 불량이 아닌 것만 다음 단계인 포장단계로 넘깁니다. 이렇게 공정마다 검사를 하면 어떤 일이 벌어질까요? 먼저 불량품이 만들어진 후 여러 단계를 거쳐갈 수 있을까요? 어려울 것입니다. 그래서 일단 불량품에 의해 만들어지는 낭비는 발생하지 않을 것입니다. 다음으로 불량품이 만들어지면 바로 그 공정에서 만들어졌다는 것을 확인할 수 있고 그래서 바로 그 불량품이 만들어진 원인을 찾아 개선하는 작업을 할 수 있습니다. 그러면 불량이 계속 만들어지는 일은 없을 것입니다. 이것이 바로 도요타에서 지연에 대응하는 방법입

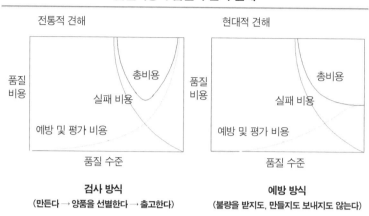

품질비용과 품질 수준의 관계

전통적 견해	현대적 견해
품질 비용 ─ 총비용 / 실패 비용 / 예방 및 평가 비용 ─ 품질 수준	품질 비용 ─ 총비용 / 실패 비용 / 예방 및 평가 비용 ─ 품질 수준
검사 방식 (만든다 → 양품을 선별한다 → 출고한다)	**예방 방식** (불량을 받지도, 만들지도 보내지도 않는다)

니다.

그런데 여기서 한 가지 의문이 들 것입니다. 이렇게 검사를 자주 하면 그것 또한 시간낭비가 아닐까 하는 것입니다. 남들은 검사공 정이 있어서 한 번만 검사를 합니다. 그런데 도요타에서는 공정마 다 검사를 하니 시간낭비로 보일 수 있습니다. 이것이 도요타가 생 각하는 낭비와 다른 기업들이 생각하는 낭비의 차이점입니다. 도 요타는 불량품을 만드는 것을 낭비로 보는 반면에 다른 기업들은 검사에 시간을 쓰는 것을 낭비로 봅니다. 이것은 효과성을 추구하 느냐, 효율성을 추구하느냐의 문제라고 볼 수 있습니다. 도요타는 효과성을 추구하는 반면에 다른 기업들은 효율성을 추구하다 보 니 이런 인식의 차이가 발생하는 것입니다. 그렇다면 누가 옳은 걸까요?

품질비용에는 예방비용, 평가비용, 그리고 실패비용이 있습니다. 예방비용은 불량 발생을 원천적으로 차단하기 위해 들어가는 비용입니다. 평가비용은 품질검사에 들어가는 비용입니다. 그리고 실패비용은 발생된 문제를 해결, 수습, 복구하기 위해 들어가는 비용입니다. 전통적인 견해에서는 품질비용과 품질 수준과의 관계가 V자형 모습을 보인다고 봤습니다. 품질 수준이 높아지기 위해 들어가는 비용인 예방비용과 평가비용은 품질 수준에 비례하고 품질 수준이 높아짐으로써 줄어드는 실패비용은 품질 수준에 반비례한다고 생각했기 때문입니다. 그래서 총비용이 가장 저점을 이루는 지점에서 품질 수준을 관리해야 한다고 생각했습니다. 그런데 현대적인 견해에서는 오히려 품질 수준이 높아질수록 품질비용이 줄어든다는 견해가 지배적인 견해가 되었습니다. 품질 수준이 높아짐에 따라 예방비용과 평가비용이 기하급수적으로 늘어나는 것이 아니라 어떤 점에 수렴하게 되고 반면에 실패비용은 급격하게 줄어들기 때문에 품질 수준이 높아지면 높아질수록 오히려 품질관리에 들어가는 총비용은 줄어든다는 결론입니다.

그러한 견해를 대표하는 법칙이 1: 10: 100 법칙입니다. 불량을 불량이 만들어진 공정에서 바로 발견할 때 1의 비용이 든다면 몇 공정을 거친 후에 발견하면 10의 비용이 들고 회사 내부에서 발견하지 못하고 고객에까지 갔을 경우에는 100의 비용이 든다는 것입니다. 불량을 불량이 만들어진 공정에서 바로 검출하면 예방 및 평가비용인 1의 비용만 들어갑니다. 그런데 검사공정을 두어서 불량이 몇 공정을 지나서 발견하게 된다면 불량이 몇 공정을 거치는 동안 만들어낸 불량품 양산비용과 불량이 발생한 원인을 모르기 때문에 지속적으로 불량이 만들어지는 비용 등 10의 실패비용이 들어간다는 것입니다. 그리고 내부에서 불량이 걸러지지 못하고 고객에게까지 전달되면 그때는 클레임 처리 비용뿐만 아니라 재작업 비용과 기업에 대한 부정적인 소문까지 나게 되어 고객으로부터 신뢰를 잃게 되어 100의 실패비용이 든다는 것입니다.

따라서 검사공정을 두어 불량을 걸러내는 검사Inspection 방식을 추구하는 것보다는 불량이 애초에 만들어지지 않도록 하는 예방 Prevention 방식을 추구하는 것이 더욱 효율적인 방식이라고 볼 수 있습니다. 이것이 지연으로 인한 악영향을 예방하는 방법이라고 할 수 있습니다.

이러한 지연은 강화 피드백 루프에서도 나타날 수 있고 균형 피드백 루프에서도 나타날 수 있습니다. 피드백 구조에서 나타나는 지연은 문제해결을 어렵게 만드는 근원으로서 작용을 합니다. 따라서 각 피드백 구조에서 나타나는 지연을 인식하고 대응책을 마련할 수 있어야 문제에 대응할 수 있습니다.

연못의 수련: 강화 피드백 루프에서의 지연 사례

수련 개체군의 증가 추이/비율

날자	2배씩 증가	%
1	1	0.0000002%
2	2	0.0000004%
3	4	0.0000007%
4	8	0.0000015%
5	16	0.0000030%
	〃	
25	16,777,216	3.1%
26	33,554,432	6.3%
27	67,108,864	12.5%
28	134,217,728	25%
29	268,435,456	50%
30	536,870,912	100%

수련 개체군의 증가 그래프

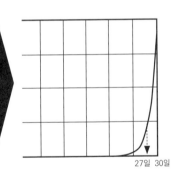

27일 30일

문제는 지연이 있는 악순환 구조에서는 결과가 나타나면 그때는 이미 늦은 것이다. 해결책은 지금 작동하고 있는 구조를 파악하여 바로 구조를 개선하는 것이다. (참조자료: 정창권 교수의 브런치)

강화 피드백 루프에서 지연이 나타나는 경우에는 성장 속도를 느리게 만들어서 그 패턴이 눈에 띄지 않게 만듭니다. 그러면 사람들은 성장하는 모습이 눈에 보이지 않기 때문에 무슨 일이 일어나고 있는지를 인식하지 못해 제때 적절한 대응을 할 수 없게 됩니다. 이러한 강화 피드백 루프에서의 지연은 악순환에서의 지연과 선순환에서의 지연이 있습니다. 첫 번째는 악순환의 강화 피드백 루프가 작동될 때 지연이 나타나는 경우입니다. 사람들은 악순환의 강화 피드백이 작동되는 상황에서 지연이 나타나면 겉으로 드러나는 문제가 심각하지 않기 때문에 문제가 별것이 아니라고 생각하고 적극적으로 개선의 노력을 하지 않게 됩니다. 그러다 문제가 심각하다고 인식되는 순간 이미 개선할 수 있는 타이밍을 놓치게 되는 경우가 다반사입니다.

이와 같은 사례로 시스템 사고에서는 '연못의 수련'을 들고 있습니다. 어느 날 연못에 수련이 하나 나타났습니다. 다음날에는 두 개가 나타났습니다. 셋째 날에는 네 개가 나타났습니다. 이와 같은 방식으로 수련의 개수가 두 배씩 성장한다고 했을 때 연못이 수련으로 완전히 덮이는 기간이 30일이라고 가정해보면 전체 30일간의 기간 중에 언제쯤에나 문제의 심각성을 인지할 수 있을까요? 연못의 4분의 1이 수련으로 가득 차면 심각하다고 느낄까요? 아니면 연못의 절반이 수련으로 가득 차면 심각하다고 느낄까요? 그렇다면 며칠째 되는 날에 연못의 절반이 수련으로 가득 찰까요? 연못이 수련으로 가득 차는 날의 바로 하루 전인 29일째 되는 날입니다. 문제가 심각하다고 인식한 다음 날이면 전체 연못이 수련으로 가득 차게 됩니다. 이처럼 강화 피드백 루프에서 지연이 발생하면 문제가 심각하다고 인식하는 시점에서는 처방을 내리기에는 이미 늦은 경우가 많습니다.

이와 관련해 우리 주변에서 쉽게 찾아볼 수 있는 예로는 무엇이 있을까요? 암이 있습니다. 암은 평상시에는 아무런 증상을 느끼지 못합니다. 그러다 몸이 아프다는 증상이 느껴지는 시점에서 진단을 받아보면 이미 3기 또는 4기여서 치료를 하기에 너무 늦은 경우가 많습니다. 이와 같이 악순환의 강화 피드백 루프가 돌아갈 때 지연이 있게 되면 문제를 인식하지 못하고 치유할 시점을 놓치게 됩니다. 그렇다면 어떻게 해야 할까요? 먼저 현재의 피드백 구조가 어떤 피드백 구조인지를 파악하여 만약 악순환 구조가 돌아가고 있다면 최대한 신속하게 선순환 구조로 바꾸는 작업을 수행해야 합니다. 만약 어떤 구조가 작동하는지를 알 수 없는 상태라면 눈에 보이지 않는 문제를 눈으로 볼 수 있게 가시화하는 장치가 필요합니다.

문제를 가시화하는 자동경보장치를 설치하여 눈에 보이지 않는 신호를 조기에 찾아낼 수 있도록 하는 방안이 필요합니다. 그래서 자동경보장치가 작동하면 바로 악순환 구조가 작동하고 있다는 것을 인식하고 바로 조치를 취해야 합니다. 그러한 자동경보장치로는 성과측정지표 같은 것이 있습니다. 특히 납기나 고객만족과 같은 고객과 관련된 지표는 반드시 설정하여 관리할 필요가 있습니다. 불만이 있는 고객은 아무 소리 없이 사라질 수가 있기 때문입니다.

가령 암을 발견하려면 어떻게 합니까? 몸에 아무런 증상이 없더라도 정기적인 건강진단을 통해 암의 증상이 있는지를 확인합니다. 그리고 암으로 발전할 수 있는 증상이 발견되면 어떻게 하나요? 암을 발생하게 만드는 원인이 무엇인지를 찾아봅니다. 식생활 습관에 문제가 있는지, 과로를 하고 있지는 않은지, 스트레스를 받고 있지는 않은지 등을 파악하여 악순환 구조를 개선하기 위한 조치를 취합니다. 어떤 사람들은 스트레스, 과로, 그리고 기름진 음식과 같은 식생활 습관에서 벗어나 숲과 같은 자연으로 돌아가는 삶을 택하기도 합니다. 이렇게 구조를 바꿈으로써 우리가 원하는 건강이나 삶의 활력을 찾을 수 있게 됩니다.

두 번째는 선순환의 강화 피드백 루프가 작동될 때 지연이 나타나는 경우입니다. 사람들이 상당한 기간 동안 열심히 노력했는데 계속해서 원하는 결과를 얻지 못하는 경우가 이에 해당합니다. 이러한 경우 어떻게 될까요? 사람들은 열심히 했는데도 원하는 결과를 얻을 수 없기 때문에 안 된다고 생각해 결과가 나타나기 전에 포기할 수가 있습니다. 그러면 선순환 구조로 계속하면 좋은 결과를 얻을 수 있음에도 불구하고 그것을 기다리지 못해 결국 실패로 끝나게 될 수가 있는 것입니다. 가령 예를 들면 우리가 영어공부를 한다고 해보겠습니다. 영어공부를 하면 바로 다음날 외국인들과 대화를 할 수 있습니까? 하기 어렵습니다. 어느 정도 수준에 이르기까지 노력하지 않으면 활용하기가 어렵습니다. 그러다 보니까 영어공부를 계속하면 실제 활용할 수 있을까에 대해 회의감이 들게 되고 결국 포기하게 됩니다. 그렇게 포기해버리면 영어로 외국인과 대화하기는 영영 어렵게 될 것입니다. 이것이 선순환 구조에서 지연이 작동했을 때 나타날 수 있는 문제입니다.

그렇다면 이럴 때는 어떻게 하면 될까요? 선순환 구조에서 지연이 작동한다는 것을 인식해야 합니다. 그런데 이렇게 지연이 있다는 것을 인식한다고 해서 문제가 해결되는 것은 아닙니다. 행동의 결과가 바로 나오지 않으면 재미가 없습니다. 그래서 지연을 인식한다고 해도 재미가 없어서 지속하기가 어렵습니다. 그래서 이러한 지연을 극복하기 위해서는 지연을 최소화해 피드백이 바로 나오도록 시스템을 만들어 운영하는 것이 필요하다고 생각합니다. 즉 큰 목표만 정해서 달성할 때까지 꾸준히 무엇을 해나가는 것보다는 큰 목표를 중간목표로 잘게 나누어서 달성해나가는 식으로 운영하면 피드백을 바로 바로 얻을 수 있어 성취감을 맛보면서 지치지 않고 지속적으로 올바른 행동을 지속해 나갈 수가 있게 됩니다. 이것이 앞에서 설명한 몰입지원 시스템의 운영원리와 같습니다. 몰입지원 시스템은 성취감을 통해 지속적으로 몰입할 수 있게 해주는 시스템으로 가장 중요한 포인트는 적정 수준의 목표와 즉각적인 피드백이었습니다. 지연은 바로 피드백이 늦어지게 만듭니다. 피드백을 빠르게 할 수 있는 방안을 마련해 운영하면 사람들이 지치지 않고 목표 달성을 위해 지속적으로 몰입할 수 있습니다.

균형 피드백 루프에서 지연이 나타나는 경우는 주어진 목표를 달성하려는 행동과 이러한 행동의 결과가 나타나기까지 시간이 길어지는 경우에 나타납니다. 그렇게 되면 목표를 빨리 달성하고 싶다는 의욕이 앞서게 되고 지연을 참지 못하고 과잉행동을 하게 됩니다. 그러면 잠깐은 균형이 맞을지 모르지만 시간이 조금 더 지나면 과잉행동의 결과로 인해 다시 균형을 벗어나게 됩니다. 균형을 벗어나면 다시 목표를 달성하기 위해 반대되는 행동을 해야 하고 시간 지연 때문에 바로 반영되지 않아 다시 목표를 빨리 달성하려는 마음에 과잉행동을 하게 되고 결국 이러한 과잉행동이 다시 목표점을 벗어나게 하고 그래서 다시 목표점으로 돌아오도록 반대행동을 하게 되는 것이 반복됩니다. 따라서 균형 피드백 루프가 작동할 때 지연이 있는 경우에는 과잉행동으로 인해 반드시 이렇게 목표점을 중심으로 위로 아래로 반복하여 움직이는 파동의 패턴이

샤워기의 온도조절: 균형 피드백 루프에서의 지연 사례

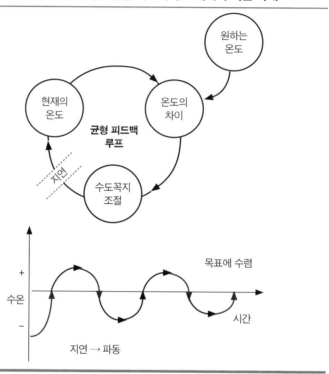

문제는 공격적 행동(과잉행동)일수록 적당한 온도에 도달하기 어렵다는 것이다. 해결책은 지연이 있다는 것을 이해하고 거기에 맞추어 행동하는 것이다.

나타납니다.

균형 피드백 루프에서 지연이 나타나는 사례로는 샤워를 하기 위해 적정한 온도를 맞출 때 나타나는 '샤워기의 온도조절' 사례가 있습니다. 우리는 샤워를 하려면 물이 적당히 따뜻한 상태가 되어야 합니다. 즉 우리가 원하는 온도로 맞추어야 합니다. 그런데 처음에 샤워기를 틀면 어떤가요? 찬물이 나옵니다. '앗, 차가워!' 하면서 수도꼭지를 온수 방향으로 돌립니다. 그런데 온수 방향으로 수도꼭지를 돌리면 바로 따뜻해지나요? 온수가 나오기까지는 지연이 있기 때문에 돌리자마자 바로 따뜻해지지 않습니다.

그러면 어떻게 하나요? 따뜻한 방향으로 더 돌리게 됩니다. 이것이 과잉행동입니다. 그러면 잠시 따뜻한 상태가 되었다가 조금 지나면 뜨거운 물이 나오게 됩니다. 이것이 과잉행동의 결과입니다. 그러면 이번에는 '앗, 뜨거워!' 하면서 적당한 온도를 맞추기 위해 냉수 방향으로 수도꼭지를 돌리게 됩니다. 이번에도 지연의 작용으로 바로 차가워지지 않습니다. 그러면 냉수 방향으로 조금 더 돌립니다. 이것이 과잉행동입니다. 그러면 적당한 온도가 되었다가 좀 지나면 물이 너무 차가워집니다. 이것이 과잉행동의 결과입니다. 그러면 '앗, 차가워!' 하면서 다시 온수 방향으로 수도꼭지를 돌립니다.

이렇게 균형 피드백 루프에서 지연이 있으면 과잉행동을 통해 파동을 그리면서 냉수와 온수를 왔다갔다하는 패턴이 나타나게 됩니다. 이럴 때는 과격하게 행동하면 행동할수록 더욱 오버가 심해져서 균형을 맞추기가 더욱 어렵게 됩니다. 즉 이런 파동이 나타날 때는 적극적인 조치가 오히려 더욱 화를 크게 키울 가능성이 있다는 것입니다.

물이 차갑다고 급격하게 뜨거운 쪽으로 돌리거나 물이 뜨겁다고 급격하게 차가운 쪽으로 돌리면 원하는 온도를 빠르게 맞추기가 어렵습니다. 물의 온도는 지연에 의해 충분한 시간이 지난 후에 조정이 됩니다. 그런데 온도가 조정되는 타이밍보다 더 빠르게 조작을 하는 바람에 나중에는 뜨거운 쪽으로 돌렸는데 차가운 물이 나오고 차가운 쪽으로 돌렸는데 뜨거운 물이 나오는 현상이 나타날 수도 있습니다. 그러면 어떻게 해야 할지 알 수가 없게 되고 결국 온도를 맞추는 것을 포기하게 될 수도 있습니다.

그렇다면 어떻게 해야 할까요? 먼저 균형 피드백 루프에 지연이 작동하고 있다는 사실을 인식해야 합니다. 지연이 작동한다는 사실을 인식하면 과격하게 행동하는 대신에 해소될 때까지 기다릴 수가 있습니다. 좀 더 적극적인 방법으로는 지연의 영향을 최소화하기 위해 버퍼를 사용할 수도 있습니다. 샤워기에서는 시간을 버퍼로 사용하여 샤워하기 전에 미리 따뜻한 방향으로 틀어놓는 것입니다. 그래서 샤워기의 온도가 적정온도가 되었을 때 샤워를 하면 차갑고 뜨거워서 과격하게 수도꼭지를 돌리는 잘못을 범하는 것을 방지하게 됩니다.

앞에서 설명한 재고관리에서도 지연이 있는 경우에는 과잉재고와 결품이 번갈아가면서 나타날 수 있습니다. 이를 막기 위해서는 목표 재고를 버퍼로 활용하는 시스템을 운영할 필요가 있습니다.

먼저 적정 수준의 목표 재고를 설정하고 일정기간을 정해서 주기적으로 사용한 만큼만 다시 채워 넣는 후보충방식으로 재고를 관리하면 결품과 과잉재고가 번갈아 가면서 나타나는 문제를 해결할 수 있습니다.

지금까지 지연에 대해 말씀드렸습니다. 정리해보면 지연은 행동 결과가 바로 나타나지 않아서 문제가 있는 경우에는 문제가 있을 때 바로 인식하지 못하게 해 해결할 기회를 놓치게 하고, 잘하고 있을 때는 잘한 결과를 바로 알 수 없게 하여 지금 내가 잘하고 있는지 어떤지를 알 수 없게 만들어 잘하는 행동을 중도에 포기하게 하는 등의 악영향을 미칩니다. 이러한 지연의 문제를 해결하기 위해서는 가장 먼저 지연이 있다는 것을 인식하는 것이 가장 중요합니다. 문제는 지연이 있다는 것을 어떻게 인식하느냐 하는 것입니다.

지연을 인식하게 하는 방법으로 인과관계의 피드백 구조가 눈에 보일 수 있도록 가시화하는 방법이 있습니다. 가령 앞에서 말한 암과 같이 눈에 보이는 증상이 나타나기까지 상당한 기간 지연이 발생하는 질병의 경우 미리 정기적인 건강검진을 통해 눈에 보이지 않게 진행되는 것을 눈에 보이도록 가시화하는 것입니다. 기업에서는 성과지표 같은 것을 활용할 수가 있습니다. 이렇듯이 눈에 보이지 않게 서서히 진행되는 것을 가시화함으로써 지연이 작동한다는 것을 인식하게 할 수가 있습니다.

이처럼 지연이 작동한다는 것을 인식하면 이러한 지연이 어떤 영향을 미치는지를 알 수가 있고 지연으로 인한 부정적인 영향을 최소화하기 위해 필요한 대응책을 마련해 대응할 수가 있게 됩니다. 적극적인 대책으로는 지연을 제거하는 것이 가장 좋은 해결책입니다. 지연을 제거한다는 것은 행동의 결과가 바로 나타나게 하는 것입니다. 앞에서 말씀드린 도요타 자동차 사례나 큰 목표를 중간 목표로 나누어 달성하게 하는 것 등이 좋은 사례가 될 수 있습니다. 이렇게 지연을 제거할 수가 없다면 버퍼를 두어 지연의 악영향을 최소화하는 방법을 쓸 수 있습니다. 샤워할 때 미리 수도를 틀어놓는다든가 고객이 상품을 찾을 때 재고를 통해 상품을 즉시 제공한다든가 하는 것 등이 좋은 사례가 될 수 있습니다.

이렇게 버퍼를 활용하는 것도 안 된다면 지연이 해소될 때까지 여유를 가지고 기다리는 것도 좋은 해결책이 될 수 있습니다. 성공하려면 한 우물을 파라는 속담이 있습니다. 이것이 지연이 있다는 것을 알고 해소될 때까지 여유를 가지고 기다리는 좋은 사례가 될 수 있습니다. 그렇지 못하고 이것 조금 했다가 안 되면 다른 것 조금 하고 그것도 안 되면 다른 것 조금하는 식으로 여기저기 기웃거리는 행동은 지연이라는 요소를 이해하지 못하고 행동하는 것이라고 볼 수가 있습니다. 그렇게 해서 성공하기란 사실상 어렵습니다. 요즘은 동시다발로 조그맣게 여러 개를 한꺼번에 하는 방법도 있는데 그렇게 하더라도 지연이 있으므로 어느 정도의 시간은 기다려야 성패를 알 수가 있습니다. 성패를 알 수 있을 때까지 기다리는 것은 어찌됐든 필요하다고 생각합니다.

2

시스템 원형으로 문제의 구조를
정형화해 살펴보자

세상의 모든 구조는 시스템 사고의 기본 구성요소인 강화 피드백 루프, 균형 피드백 루프, 그리고 지연이라는 세 가지 구성요소의 결합으로 구성되어있습니다. 이러한 시스템 사고의 세 가지 구성요소의 다양한 결합에 의해 만들어지는 복잡한 구조를 피터 센게는 저서 『학습하는 조직』에서 '시스템 원형'이라 명명하고 12가지로 정의했습니다.

이러한 시스템 원형은 문제를 만들어내는 구조를 몇 가지 기본적인 유형으로 정형화한 것입니다. 문제를 발생시키는 구조는 대부분 사람들의 단선적 사고에 의해 만들어집니다. 시스템 원형은 그렇게 만들어지는 문제의 구조를 인과지도를 통해 몇 가지로 정형화해 표현한 것입니다. 이것은 우리가 영어를 배울 때 배우는 5형식과 같은 것으로 보면 될 것 같습니다. 영어문장이 아무리 길고 복잡해도 5형식만 알면 문장을 분해해서 해석할 수가 있습니다. 이러한 5형식과 같은 역할을 시스템 사고에서는 시스템 원형이 한다고 보시면 되겠습니다. 즉 아무리 복잡한 문제라도 시스템 원형으로 분해해보면 문제가 어떤 구조로 이루어져 있다는 것을 파악할 수가 있는 것입니다.

그리고 한 가지 더 좋은 점은 이러한 문제의 구조를 인과지도로 그려보면 그 문제의 구조 안에 이미 해결의 열쇠도 같이 들어 있다는 점입니다. 그 열쇠를 시스템 사고에서는 핵심 레버리지라고 합니다. 그래서 시스템 원형에서 핵심 레버리지를 찾아내면 문제를 풀 수가 있게 됩니다. 그 핵심 레버리지를 찾아 개선하면 문제의 구조가 바뀌면서 이전에 나타나던 문제가 다시는 나타나지 않게 되는 것입니다. 따라서 시스템 사고를 통해 문제를 해결하기 위해서는 이러한 시스템 원형을 알고 그 안에 있는 핵심 레버리지를 찾아내 개선하면 됩니다.

그러면 이제부터 피터 센게에 의해 정의된 시스템 원형 중에 기업 경영과 밀접하게 연관된 주제에 대해 말씀드리도록 하겠습니다. 기업 경영의 핵심 이슈는 크게 두 가지로 구분할 수 있습니다. 첫째는 무엇이 성장을 가로막는가이고 둘째는 무엇이 혁신을 가로막는가입니다.

성장을 가로막는 시스템 원형에는 자기실현적 예언 원형, 성장의 한계 원형, 그리고 성장과 저투자 원형이 있습니다. 하나씩 보도록 하겠습니다.

시스템 원형 1. 자기실현적 예언

자기실현적 예언이라는 시스템 원형은 하나의 강화 피드백 루프가 작동하는 구조로서 긍정적 기대가 긍정적 결과를 이끌어내고 부정적 기대가 부정적 결과를 이끌어내는 피드백 구조를 말합니다. 즉 잘할 것이라고 생각하고 지원을 하면 정말 잘하게 되고 잘못할 것이라고 생각하고 지원을 게을리하면 정말 잘 못하는 결과를 가져오는 피드백 구조를 말합니다.

예전에 미국에 있는 한 유치원에서 학생들을 반 배치할 때 어느한 반의 담임에게 뛰어난 잠재력을 가진 아이들만 특별히 선별해 배정했다고 말해주었습니다. 그 반을 맡은 담임선생님은 잠재력이 뛰어난 학생들이 자신의 잘못으로 성과가 저조하게 나올 것이 걱정되어 물심양면으로 열심히 지원했습니다. 그랬더니 그 반 학생들의 성적이 아주 높게 나왔습니다. 이에 담임선생님은 정말 뛰어난 아이들이 배정되었구나 하는 확신을 갖게 되었고 더욱 열심히 지원해 더욱 높은 성과를 낼 수 있었습니다. 즉 처음에 기대가 높

자기실현적 예언 원형

선입견에 따른 지원의 차별화

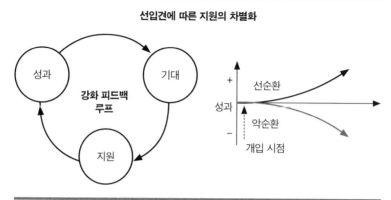

긍정적인 결과를 얻으려면 긍정적인 기대를 가지고 지원해야 함. 이때의 기대는 진실로 믿는 것에서 나와야 함.
※ 피그말리온 효과라고도 알려져 있음. 순수하고 완전한 믿음이 현실이 됨.

았기 때문에 그러한 기대에 부응해 열심히 지원했고 결과적으로 좋은 성과를 얻는 선순환을 보였다는 것입니다. 그런데 다른 반 담임선생님은 평범한 아이들이 배정되었다는 생각에 별다른 지원을 하지 않았고 그저 그런 성적을 보였습니다. 이에 담임은 역시나 별 볼일 없는 아이들이라는 생각에 더욱 관심을 갖지 않게 되어 기대 저조와 성과 저조라는 악순환에 빠지게 되었습니다.

이러한 시스템 원형에서 핵심 레버리지는 무엇일까요? 하나가 바뀌면 전체가 개선되는 그런 요소가 무엇일까요? 이 시스템 원형에서는 '기대'가 그러한 핵심 레버리지라고 할 수 있습니다. 즉 '기대'를 어떻게 하느냐에 따라 전체 구조가 선순환 구조가 되거나 악순환 구조가 되는 것입니다.

그런데 이렇게 하나의 강화 피드백 루프가 작동하는 경우에는 모든 요소가 다 핵심 레버리지라고 말할 수 있습니다. 가령 '기대'를 하지 않았음에도 담임선생님이 아이들을 사랑하는 마음이 커서 전폭적인 '지원'을 하는 경우에는 그러한 '지원'으로 인해 좋은 '성과'로 이어질 수 있습니다. 그러면 '역시 이 아이들은 잘할 수 있는 아이들이었어!' 하는 '기대'가 살아나면서 '지원'을 강화하게 되고 지속적으로 좋은 '성과'를 낼 수 있는 구조가 만들어집니다. 또한 '기대'도 안 하고 '지원'도 하지 않았음에도 워낙 뛰어난 학생이어서 '성과'를 내는 경우에는 '아, 이 학생은 아주 뛰어난 학생이구나.' 하는 '기대'를 갖게 만들어 전폭적인 '지원'으로 이어질 수 있습니다. 그러면 다시 지속적으로 좋은 '성과'를 낼 수 있는 구조가 만들어지는 것입니다. 따라서 하나의 강화 피드백 루프가 작동하는 경우에는 누가 어떤 위치에 있더라도 좋은 성과를 낼 수 있는 구조를 만들어낼 수가 있습니다.

이것은 기업에서도 흔히 찾아볼 수 있는 시스템 원형입니다. 가령 회사의 사장님은 직원들이 열심히 일을 해주면 좋은 성과가 날 것이고 그러면 성과에 따라 직원들의 월급도 올려주고 복지도 개선해줄 수 있는데 직원들이 열심히 일을 하지 않아서 이런 것들을 해줄 수가 없다고 얘기하는 경우가 있습니다. 직원들은 또 직원들

대로 사장님께서 급여도 많이 주시고 복지도 잘해주면 열심히 일을 해서 좋은 성과를 낼 수 있을 텐데 사장님께서 직원들에게 베푸시는 게 없어서 열심히 일할 맛이 안 나서 일을 못하겠다고 하는 경우가 있습니다.

이때에는 사장님의 배려와 직원들의 몰입이 성과를 이루어내는 강화 피드백 루프를 이루고 있습니다. 즉 사장님이 배려를 잘해주면 직원들의 사기가 올라가서 열심히 일하게 되고 회사의 성과로 이어져 사장님의 배려가 더욱 커지는 그러한 구조를 가지는 것입니다. 마찬가지로 직원들이 열심히 일해서 좋은 성과를 내게 되면 사장님께서 이에 대한 보답으로 배려를 하게 되실 것이고 이것은 다시 직원들의 사기를 불러일으켜 더욱 열심히 일하는 구조를 만들어낼 수 있는 것입니다.

이렇게 강화 피드백 루프가 작동할 때는 달걀이 먼저냐 닭이 먼저냐를 따지지 말고 누구든지 먼저 선순환 구조를 만들어낼 수 있는 행동을 하면 전체가 선순환 구조로 바뀌게 되어 모두가 이익을 볼 수 있게 되는 것입니다. 그런데 그렇지 않고 서로 상대방이 잘해주면 나도 잘하겠다는 자세로 일관한다면 어떻게 될까요? 성과의 지연이 발생하겠죠. 그러면 지연으로 인해 성과는 잘 나지 않게 될 것이고 결국 사장님과 직원들 모두에게 손해가 되지 않을까요?

성장을 위한 강화 피드백 루프를 통해 성장의 모습을 가시화시

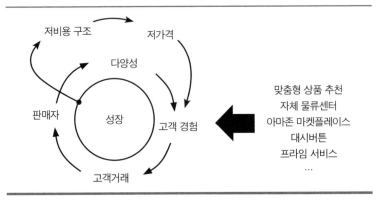

아마존 CEO 제프 베이조스의 성장 모델

저비용 구조 · 저가격 · 다양성 · 판매자 · 성장 · 고객 경험 · 고객거래

맞춤형 상품 추천
자체 물류센터
아마존 마켓플레이스
대시버튼
프라임 서비스
…

켜서 성공한 사례로는 아마존의 경영자 제프 베이조스의 사례가
대표적이라고 할 수 있습니다. 아마존의 제프 베이조스는 투자자
들이 이익을 내지 못하고 있는 아마존의 경영에 의구심을 나타낼
때 냅킨에 그림과 같은 성장 모델을 그려서 투자자들을 설득했다
고 합니다.

"성장을 하면 낮은 비용구조가 만들어지고, 그러면 낮은 가격을
설정할 수 있고, 그것으로 인해 고객들의 경험이 좋아지면 쇼핑몰
에 고객들의 방문이 증가합니다. 그러면 판매자들이 관심을 가지
고 참여하게 됩니다. 그러면 다시 고객의 선택의 폭이 넓어지면서
고객 경험이 더욱 좋아져서 고객들의 방문Traffic이 더욱 많아지는
선순환 구조가 만들어진다는 것입니다. 그렇게 되면 아마존은 이
러한 성장 구조에 따라 지속적으로 성장할 수 있게 됩니다. 따라서

지금은 당장 수익을 내서 분배하기보다는 성장에 집중적으로 투자해야 할 때입니다. 그러니 지금 투자하세요!"

그래서 9년 연속 적자임에도 투자가 지속적으로 늘어나면서 지금의 아마존의 모습을 만들어낼 수 있었습니다. 만약에 제프 베이조스가 자기가 하고자 하는 경영의 모습을 성장 모델로 그려서 설명할 수 없었다면 당장 수익을 내지 못하고 있는 상황에 대해 의구심을 갖고 있는 투자자들을 설득하여 투자하게 할 수 있었을까요? 우리가 제프 베이조스의 사례에서 알 수 있는 것은 경영자로서 성공하기를 바란다면 자기 조직의 성공구조를 눈에 볼 수 있도록 그릴 수 있어야 한다는 것입니다. 그리고 이를 이해관계자들, 즉 내부 및 외부 구성원들에게 설명해 전 구성원들이 이러한 성장을 이루는 데 집중할 수 있도록 설득할 수 있어야 한다는 것입니다.

시스템 원형 2. 성장의 한계

강화 피드백 루프에 의해 성장하는 것에는 성장을 가로막는 브레이크 역할을 하는 균형 피드백 루프가 작동하면서 성장의 한계에 다다르는 모습을 보이는 경우가 일반적입니다. 이러한 모습을 나타내는 시스템 원형을 '성장의 한계'라고 합니다. 이러한 성장의 한계 원형은 하나의 강화 피드백 루프와 하나의 균형 피드백 루프로 구성되어 있습니다. 강화 피드백 루프에 의해 성장을 하다가 균형 피드백 루프에 의해 성장이 제한되는 패턴을 보입니다.

성장을 제한하는 요인은 여러 가지가 있을 수 있는데 대표적인 것이 자원의 제약입니다. 즉 자원이 풍부할 때는 성장을 지속하다가 자원이 지원할 수 있는 범위를 넘어서게 되면 더 이상 성장을 지속하지 못하는 상태에 이르게 되는 것입니다. 이런 상황에서 성장을 가속하려고 하면 자원의 한계에 의해 부작용이 나타나고 그러다 보면 오히려 역성장하는 문제가 발생합니다. 즉 성장의 한계에 다다랐을 때 성장의 한계로 작용하는 균형 피드백 루프를 개선하지 않고 성장을 위해 강화 피드백 루프를 강하게 밀어붙이게 되면 오히려 망하는 악순환 구조에 빠질 수도 있다는 것입니다.

사례를 들어 설명하겠습니다. 이 회사는 판매인력의 수를 늘려 주문량을 확대해 나감으로써 수입을 창출하는 구조를 가지고 있습니다. 이 회사에는 판매인력의 수를 늘림으로써 주문량이 늘어나고 이로 인해 수입이 늘어나고 다시 수입을 가지고 판매인력의 수를 늘리는 강화 피드백 루프가 작동하고 있습니다. 그리고 동시에 주어진 생산능력에 따라 작동하는 균형 피드백 루프가 존재합니다. 처음에 판매인력의 수를 늘리면 주문량이 늘어납니다. 주문량이 늘어나면 수입이 늘어납니다. 주문량이 생산능력 범위 안에 있으면 주문 잔고량이 늘어나지 않기 때문에 균형 피드백 루프가 성장을 제한하지 않습니다. 그런데 판매인력의 수가 더 늘어나서 주문량이

생산능력을 넘어선 성장

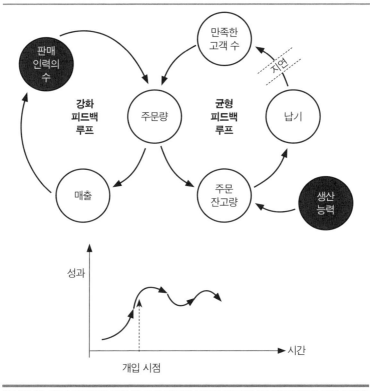

열심히 하는데도 성장하지 못할 때 강화 피드백 루프를 막무가내로 밀어붙이지 말고 제약요인을 파악하여 개선해야 함.
※ 제약TOC, Theory of Constraints을 파악하여 집중 개선.

생산능력을 넘어서게 되면 주문 잔고량이 많아지면서 납기를 맞추지 못하게 됩니다. 그러면 고객들의 불만족이 커지고 고객들이 재구매를 하지 않으면서 역으로 주문량이 감소하게 됩니다. 즉 주문량이 생산능력 이상으로 많아지면 납기준수에 문제가 생기면서 불만을 가진 고객들의 주문이 줄어들게 되고 그러면서 성장이 정체하고 역성장을 하는 것입니다.

이렇게 해서 수입이 줄게 되면 판매인력의 수를 줄이게 되고 그러면 주문량이 더욱 줄어듭니다. 그러다 보면 주문량이 생산능력의 범위 안으로 다시 들어오게 됩니다. 이제는 납기를 맞출 수 있게 됩니다. 다시 고객들의 만족도가 높아지고 주문량이 늘어나게 됩니다. 다시 수입이 늘어나서 판매인력의 수를 늘릴 수 있게 됩니다. 그러면 다시 주문량이 늘어나고 수입이 늘어납니다. 그러다가 어느 순간 다시 주문량이 생산능력의 범위를 벗어나면 주문 잔고량이 늘어나 납기를 지키지 못하게 되고 고객 불만이 늘어 주문이 감소하게 되어 성장이 정체되다가 역성장을 하는 파동을 그리게 됩니다.

성장의 한계를 극복하기 위해서는 핵심 레버리지를 찾아 개선해야 합니다. 이 사례에서는 어떤 요소가 핵심 레버리지일까요? 어떤 요소를 개선하면 성장의 한계를 극복하고 전체가 성장의 선순환 구조로 바뀔 수 있을까요? 가장 먼저 눈에 띄는 것은 자원의 제약으로 작용하는 생산능력입니다. 즉 생산능력을 확충하면 다시 납기를 맞출 수 있어 고객들이 만족하게 되고 그렇게 되면 주문량을 지속적으로 늘릴 선순환 구조가 만들어질 수 있습니다. 그런 측면에서는 생산능력이 핵심 레버리지라고 볼 수 있습니다. 그런데 생산능력을 확충하고 싶다고 생산능력을 마구 확충할 수 있을까요?

생산능력을 확충하려면 투자를 해야 하는데 투자를 한다고 바로 생산능력이 늘어나는 것이 아니기 때문에 투자를 결정하기가 쉽지는 않습니다. 이럴 때는 어떻게 해야 할까요?

또 다른 측면에서 보면 성장의 속도를 조절하는 것도 한 가지 대안이 될 수 있습니다. 즉 이 사례에서는 판매인력의 수를 생산능력의 범위 안에서만 늘리도록 해 주문이 생산능력을 넘어서지 않게 조절하는 것입니다. 그러면 성장의 한계가 만들어지지 않을 것입니다. 그런 측면에서 보면 판매인력의 수 또한 핵심 레버리지로 볼 수 있습니다. 그렇게 성장의 속도를 조절하면 자원의 한계로 인해 발생할 수 있는 고객들의 불만을 유발하지 않고도 지속적으로 성장할 수가 있습니다. 따라서 성장의 한계 원형에서는 핵심 레버리지를 두 가지로 볼 수 있습니다. 강화 피드백 루프와 균형 피드백 루프가 작동하는 시스템 원형에서는 항상 전체 피드백 구조를 살펴보고 성장의 속도와 생산능력 간의 조화를 이루는 정책을 구사하는 것이 고객의 불만을 사지 않고 지속적으로 성장할 수 있는 방법이라고 할 수 있겠습니다.

열심히 하는데도 더 이상 성장하지 못할 때는 강화 피드백 루프를 막무가내로 밀어붙이지 말고 발목을 잡고 있는 균형 피드백 루프가 있는지 살펴보고 또 있다면 어떻게 작동하고 있는지를 살펴보아야 합니다. 그래서 그러한 균형 피드백 루프가 작동하고 있을 경우에는 그 균형 피드백 루프를 작동하게 만드는 요소를 찾아서 개선해주어야 합니다. 그렇지 않고 계속 강화 피드백 루프를 밀어붙이게 되면 균형 피드백 루프에 의해 성장이 정체될 뿐만 아니라 균형 피드백 루프의 작동으로 강화 피드백 루프가 선순환에서 악순환으로 전환될 수도 있습니다. 따라서 성장의 정체가 발생한 경우 반드시 발목을 잡고 있는 균형 피드백 루프가 존재하는지를 확인하는 작업이 필요합니다. 위 사례에서는 생산능력이 발목을 잡는 요소로 작동했습니다. 지속적인 성장을 하기 위해서는 선제적으로 생산능력을 키워주든가, 아니면 성장의 속도를 조절하여 생산능력의 범위 안에서만 성장하도록 관리하는 정책이 필요합니다. 즉 준비가 된 만큼만 성장하는 것입니다.

대부분의 경우 이러한 균형 피드백 루프를 작동하게 만드는 요소는 자원의 한계가 제약이 되는 경우가 많습니다. 따라서 강화 피드백 루프가 작동할 경우에도 항상 자원의 제약을 염두에 두는 성장 정책을 펴야 합니다. 자원의 한계를 해결하는 데는 시간이 많이 걸리고 자원의 한계에 의해 부작용이 발생하면 해결하기 전까지는 그 피해가 모두 고객에게 돌아가기 때문입니다. 만약 그러한 일이 발생하면 고객은 그 기업의 서비스를 신뢰하지 못하게 되고 그러면 그 기업은 오히려 성장 때문에 망하게 될 수도 있습니다. 따라서 자원의 한계를 염두에 두고 자원이 뒷받침되는 수준에서의 성장을 추구해나가는 전략이 필요합니다. 어떤 기업은 연간 성장 목표가 15%를 넘지 않게 의도적으로 조절하는 경우도 있다고 합니다. 성장에 필요한 자원이 구비되면 그 자원의 범위 안에서 성장함으로써 고객들에게 지속적으로 좋은 경험을 만들어주기 위해서 그렇게 한다는 것입니다.

제가 시스템 경영 컨설팅을 한 회사 중에서 성장의 한계 원형을 이해하고 그 한계를 돌파한 사례가 있어 소개하고자 합니다. 해당 기업은 성형외과병원으로 처음 컨설팅을 시작했을 때는 최근 2~3년 동안 5배 이상 급격한 성장을 이룬 후 성장이 정체되고 있는 시기였습니다. 매출은 늘고 있었지만 수술 품질 문제로 인해 고객 클레임이 많아지면서 이에 소요되는 비용이 늘어나면서 수익이 악화되고 있는 상황이었습니다. 왜 이러한 문제가 발생했는지에 대해 인과지도로 설명해보겠습니다.

해당기업은 각종 이벤트를 실시하여 참여한 잠재고객이 남긴 연락처를 수집해 신규고객 리스트를 만들었습니다. 이러한 고객들에게 TM을 통해 병원을 방문해 상담을 받도록 했습니다. 그래서 고객이 방문해 상담을 받으면 수술을 하도록 권했습니다. 그래서 수술을 받으면 매출이 발생했습니다. 이러한 매출을 다시 판촉활동에 투입해 신규고객 리스트를 만들어냈습니다. 이러한 강화 피드백 루프를 통해 급격히 성장할 수 있었습니다. 이러한 급격한 성장의 배경에는 마케팅부서와 TM, 상담사, 의사들에게 제공한 인센티브가 큰 몫을 했습니다.

이러한 급격한 성장은 자원의 한계 문제에 봉착합니다. 급격하

성장의 한계 돌파 사례

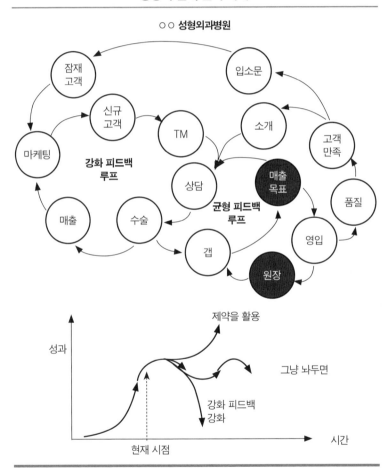

○○ 성형외과병원

게 성장하다 보니 기존의 의사들로는 수요를 감당하기 어렵게 되었습니다. 그렇지만 회사는 매출목표를 지켜야 할 상황이었기 때문에 의사들을 영입하기 시작했습니다. 그중에는 실력이 검증되지 않은 의사들도 섞여 있었습니다. 그리고 이러한 의사들에 의해 수술을 받은 환자들이 품질에 문제가 있나는 것을 알려면 수술 후 1년이나 기다려야 했습니다. 그래서 실력이 없는 의사들이 아무런 제재도 받지 않고 계속해서 수술을 할 수 있었습니다. 상담사들도 어떤 의사가 실력이 없는지 대충 알았지만 매출을 올려야 인센티브를 받을 수 있기 때문에 어쩔 수 없이 수술 의뢰를 할 수밖에 없었습니다. 이렇게 실력이 없는 의사들에 의해 수술을 받은 환자들이 1년이 지난 뒤 대량으로 클레임을 걸기 시작했습니다. 그러자 갑자기 회사의 수익이 악화되기 시작한 것이었습니다. 매출을 올리기 위해 더 많은 수술을 할수록 환자의 클레임은 더욱 많아지고 병원의 사정은 더욱 악화되어갔습니다.

그래서 제가 투입되었을 때 앞의 그림과 같이 인과지도를 그리고 지금 병원에 필요한 것은 매출을 올리는 강화 피드백 루프를 돌리는 것이 아니라 병원의 수익에 발목을 잡고 있는 실력 없는 의사들을 내보내는 것이라는 조언을 했습니다. 그렇게 하면 수술의 양을 줄일 수밖에 없기 때문에 당장은 병원의 매출이 떨어집니다. 그래서 병원 경영진은 망설이기도 했지만 이런 상황이 지속되면 병원의 브랜드가 망가질 수도 있다는 점을 인식하고 실력이 없는 의사들을 내보냈습니다. 그리고 경력의사들보다는 능력 있는 신참의사들을 양성해 수술에 투입함으로써 수술의 품질을 유지할 수가 있었습니다.

이렇게 함으로써 당장 몇 달간은 매출이 줄어들었지만 차츰 고객들의 클레임이 사라지고 병원의 명성이 높아지면서 매출과 수익이 같이 성장하는 모습을 보여주었습니다. 제가 최근에 방문했을 때는 역대 최고의 매출과 수익을 올리고 있다는 말을 들었습니다.

시스템 원형 3. 성장과 저투자

성장의 한계 없이 성장하고 싶다면 생산능력이 한계에 다다르기 전에 미리미리 생산능력을 확충하는 데 투자해야 합니다. 그런데 대부분의 경우 언제 투자하는 것이 좋은지 모르기 때문에 시기를 놓치기가 쉽습니다. 한 번 투자 시기를 놓치면 고객의 불만으로 역성장을 하기 때문에 투자를 했다가는 오히려 생산능력이 과잉이 되는 문제가 발생할 수 있습니다. 그래서 투자하기가 더욱 어려워집니다. 이러한 문제를 보여주는 시스템 원형을 '성장과 저투자 원형'이라 합니다.

이러한 성장과 저투자 원형에는 하나의 강화 피드백 루프와 두 개의 균형 피드백 루프가 작동합니다. 먼저 강화 피드백 루프가 작동하면서 성장하다가 어느 순간 성장이 자원의 한계를 넘어서면 균형 피드백 루프가 작동하면서 성장의 한계를 만들어냅니다. 이러한 성장의 한계를 돌파하려면 성장의 발목을 잡고 있는 자원의 한계에 대한 투자를 통해 확충해주는 조치가 필요합니다. 그런데 이러한 투자를 하려면 투자의 필요성을 느껴야 합니다. 투자의 필요를 느낄 수 있는 메커니즘이 없으면 언제 투자를 해야 하는지 알 수가 없기 때문에 시기를 놓칠 수밖에 없습니다. 이처럼 성장을 촉진하는 강화 피드백 루프와 성장의 발목을 잡는 균형 피드백 루프 그리고 투자를 통해 성장의 발목을 잡는 균형 피드백 루프를 해소시키는 균형 피드백 루프로 구성된 것이 성장과 저투자 원형입니다.

이 회사는 판매인력의 수를 늘려서 주문량을 늘리고 이를 통해 수입을 벌어들이는 회사입니다. 생산능력의 범위 안에서 판매인력의 수를 늘려서 주문량을 늘리는 것은 성장의 선순환을 가져옵니다. 그러다가 주문량이 생산능력보다 더 많아지면 주문잔고량이 늘어나게 됩니다. 그러면 고객에게 약속한 납기를 맞추지 못하게 됩니다. 그러면 고객 불만이 커지고 결국 고객이 거래를 끊거나 주문량을 줄입니다. 그러면 이 회사는 성장을 촉진하는 강화 피드백 루프를 아무리 열심히 돌려도 더 이상 성장하지 못하고 오히려 납

성장과 저투자 원형 사례

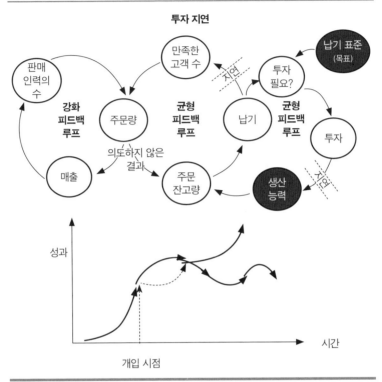

모든 구성원이 열심히 일하는데도 고객 니즈를 충족시키는 게 어려울 때 선제적 투자를 통해 역량을 키워나가야 함. (표준 준수 → 개선 필요성 인식 → 개선)
※ TPS(LEAN)에서는 핵심기준 관리를 통해 문제가 스스로 튀어 나오게 만듦.

기 문제로 고객 불만만 더욱 커지게 하여 잘못하면 망할 수도 있습니다. 여기까지는 성장의 한계 원형과 같습니다.

이러한 성장의 한계를 극복하기 위해서는 생산능력을 확충하는데 투자를 해야 합니다. 그런데 문제는 언제 투자를 해야 하느냐,

즉 투자 시점을 알 수가 없다는 것입니다. 이러한 문제를 발생시키는 이유는 지연으로 인해 투자를 한다고 해서 바로 생산능력이 확충되지 않기 때문입니다. 생산능력이 한계에 이르렀다는 것을 알고 바로 투자해서 바로 생산능력이 늘어난다면 바로 주문잔고량에 대응할 수 있기 때문에 문제가 없습니다. 그런데 투자 후 생산능력이 늘어나기까지는 상당한 시일이 걸리기 때문에 주문잔고량이 늘어나는 것에 바로 대응할 수가 없게 됩니다.

그러는 사이 주문잔고량이 늘어나서 납기를 맞추지 못하게 되면 고객의 불만이 높아지면서 거래를 끊는 등의 이유로 주문량이 줄어들게 됩니다. 주문량이 줄어들어 생산능력 범위 안으로 들어오면 주문잔고량이 줄어들어 이제는 납기를 맞출 수 있게 됩니다. 그러할 때 이미 투자된 것에 의해 생산능력이 늘어난다면 이제는 과잉생산으로 이어지게 됩니다. 그러면 회사 입장에서는 손해를 보기 때문에 투자를 결정하기가 쉽지 않은 것입니다. 이러한 투자 시점의 문제를 해결하기 위해서는 투자에 대한 의사결정을 내릴 수 있게 하는 기준이 필요합니다.

이 사례에서는 납기표준이 그러한 기준이 될 수 있습니다. 납기표준을 정해놓고 현재의 납기수준이 납기표준보다 악화될 조짐이 보이는 시점에 바로 납기 개선을 위한 투자를 집행하는 것입니다. 그렇게 함으로써 문제의 조짐이 보이는 시점에 선제적으로 투자를 함으로써 문제가 악화되는 시점에는 사전에 투자한 생산능력으로 문제에 대응할 수 있게 되는 것입니다. 그렇게 되면 고객들이 납기 문제로 거래를 끊기 전에 해결할 수 있어 고객의 불만을 일으키지 않고 지속적인 성장이 가능해지는 것입니다.

그런데 납기 수준이 납기표준에 미달하는데도 투자를 하지 않고 미루다가 문제가 심각해진 후에야 투자하려고 하면 고객들이 거래를 끊고 떠난 후에나 생산능력이 확충되기 때문에 그때는 다시 생산능력이 남아돌아 과잉생산을 할 위험이 있습니다. 즉 투자 타이밍을 놓쳐서 게도 놓치고 구럭도 놓치게 되는 것입니다. 그렇다면 이 성장과 저투자 원형의 핵심 레버리지는 무엇일까요? 이 시스템 원형이 악순환 구조로 빠지지 않게 하려면 투자 시기를 놓치지 않게 하는 것이 중요합니다. 그러려면 투자의 기준을 사전에 설정해 놓고 현 상태가 기준에 미달하면 바로 투자에 들어가게 하는 것이 핵심이라고 할 수 있습니다. 따라서 성장과 저투자 원형의 핵심 레버리지는 투자 기준을 설정하고 철저하게 준수하도록 하는 것이라고 볼 수 있습니다.

성장과 저투자 원형은 회사가 저투자 때문에 성장의 한계에 부딪히는 경우에 항상 작동합니다. 저투자란 생산능력의 확충이 증가하는 고객 수요에 필요한 정도를 따라가지 못한다는 의미입니다. 모든 구성원이 열심히 하는데도 고객의 수요를 충족시키지 못하고 있다면 '성장과 저투자' 원형이 작동하고 있다고 봐야 합니다. 모든 구성원이 열심히 일하고 있다는 것 자체가 저투자를 나타내는 신호라고 봐야 합니다. 고객은 관련된 문제에 대한 대응이 부실하면 떠나게 되어 있습니다. 고객이 떠나가면 회사는 금세 어려워집니다. 그렇게 되면 투지하고 싶어도 투자할 여력이 없습니다. 따라서 고객이 떠나가기 전에 고객과 관련된 요소에 대한 투자를 선행할 필요가 있습니다. 그렇게 하기 위해서는 고객과 관련된 요소에 대해 표준을 정해서 벗어날 때 바로 투자할 수 있는 체계를 갖추는 것이 필요합니다. 고객 관련 요소에 대한 높은 기준과 강력한 투자정책을 갖추고 있어야 지속적으로 경쟁력을 확보할 수 있게 되는 것입니다.

성장과 저투자 원형 관련하여 문제가 있었던 사례와 성공적으로 운영하고 있는 사례를 비교하여 소개하도록 하겠습니다. 문제가 있었던 사례로는 국내 M사 사례를 들 수 있습니다. 어느 날 신문에서 M사에 대한 기사를 보았는데 제목이 '광고의 역설'이었습니다. 기사를 보면서 M사의 상황을 그림과 같이 시스템 사고의 '성장과 저투자 원형'으로 표현해보았습니다. M사가 어느 날 대대적인 광고를 합니다. 그러자 가입자 수가 증가했고 그로 인해 주문량이 급격히 증가했습니다. 그러면서 매출도 함께 뛰었겠지요. 그 돈으로 다시 광고를 하면서 가입자 증가와 주문량 증가 매출 증가의 순으

성장과 저투자 원형 사례 1

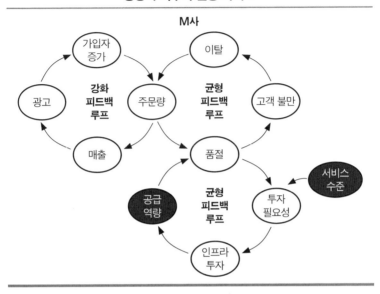

로 선순환 구조가 만들어졌습니다(강화 피드백 루프).

그런데 의도하지 않은 결과(?)가 나타납니다. 주문량이 물류 인프라가 소화할 수 있는 수준보다 많아지자 품절이 발생하기 시작했습니다. 품절이 발생하자 고객들은 M사를 신뢰할 수 없다고 판단하고 경쟁사로 옮겨갑니다. 그러면 주문량이 다시 줄어들겠죠. 그러면서 성장의 한계에 다다르게 됩니다(위의 균형 피드백 루프). 그렇게 되면 대대적인 광고를 통해 신규회원은 많이 확보했는데 기존 고객들이 다른 기업으로 이탈하는 결과를 가져옵니다. 그러면 광고는 M사가 하는데 그로 인한 성과는 다른 기업들이 얻어가는 것이 되는 것입니다. 그래서 제목이 '광고의 역설'인 것입니다. 이러한 현상을 방지하려면 어떻게 해야 할까요?

　M사가 광고를 통해 신규회원을 확보하는 것에서부터 출발하지 않고 물류 인프라에 선투자해 역량을 먼저 갖춘 후 광고를 해서 신규회원을 확보했다면 어떻게 되었을까요? 신규회원도 확보할 수 있고 기존회원도 떠나지 않게 되어 광고의 효과는 온전히 매출을 늘리는 방향으로 나타났을 것입니다. 그런데 M사는 물류 인프라가 부족한 상황에서 광고를 통해 신규회원을 확보하는 바람에 품절 문제로 인해 기존고객들을 떠나가게 만들었습니다.

　이러한 문제를 예방하려면 무엇이 필요할까요? 앞에서 투자를 선제적으로 할 수 있는 기준이 되는 서비스 수준을 정하고 이를 맞추게 하는 시스템이 필요하다고 말씀드렸습니다. 서비스 수준을 맞출 수 있는 기준이 정해져서 현재의 서비스 수준이 그 기준에 미달하게 되면 서비스 역량 강화의 필요성을 느끼게 되고 그에 따라 역량 강화를 위한 투자를 하게 됩니다. 그러면 물류 인프라가 확충이 되면서 다시 품절 문제를 해결할 수 있게 됩니다(아래의 균형 피드백 루프). 따라서 성장과 저투자 원형의 문제를 해결하는 방향은 선투자를 통해 내부역량을 키운 후 광고 등을 통해 성장을 견인하는 것이라고 볼 수 있습니다. 이 순서가 바뀌면 성장할수록 고객 불만이 더 커져서 성장이 오히려 망하는 지름길이 될 수 있습니다.

다음으로 성장과 저투자 원형 관련하여 성공적인 운영을 하고 있는 회사의 사례를 보도록 하겠습니다. 그러한 사례로는 블루보틀 사례를 들 수 있겠습니다. 블루보틀은 '최고의 커피를 제공한다'는 목적을 달성하기 위해 '천천히 지속적으로 성장한다'는 원칙과 '선투자 후 성장'이라는 전략을 구사하고 있습니다. 그런 목적과 전략 때문에 성장과 저투자의 함정에 빠지지 않고 지속적으로 성장할 수 있었습니다.

구조를 살펴보면 먼저 강화 피드백 루프에서 블루보틀은 최고의 커피를 서비스한다는 개념을 가지고 리테일 매장을 운영합니다. 리테일 매장은 최고의 커피를 제공할 수 있는 시설과 전문가와 방법론을 갖추고 있습니다. 로스팅 후 48시간 이내에 커피를 서비스할 수 있도록 자체 로스팅 시설을 갖추고 있고 최고의 설비와 전문가를 통해 최고의 커피를 만들어내 고객에게 제공합니다. 이러한 리테일 매장에서의 서비스는 고객으로 하여금 최고의 커피를 체험하게 함으로써 최고의 커피를 서비스한다는 브랜드 이미지를 만들어냅니다. 블루보틀은 이러한 브랜드 체험을 기반으로 온라인 정기배송사업과 밀폐용기 포장판매사업을 추진함으로써 서비스를 대중화하고 있습니다.

그런데 이러한 대중화가 고객에 대한 최고의 커피를 제공한다는

블루보틀(최고의 커피)

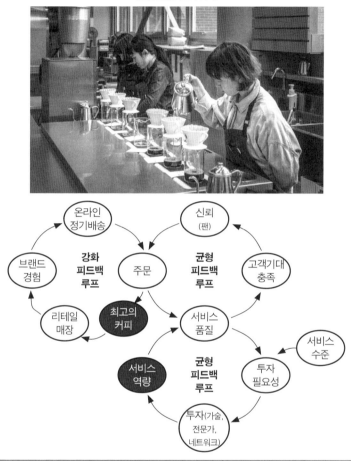

개념을 망가뜨리지 않고 고객의 기대를 지속적으로 충족시킬 수 있도록 최고의 커피를 서비스하는 데 필요한 기술, 전문가, 그리고

네트워크에 대한 선투자를 합니다. 그렇게 함으로써 고객들의 기대를 지속적으로 충족시켜 주고 결국 고객들에게 신뢰감을 주어 팬으로 만들어 지속적으로 구매할 수 있게 하는 구조를 갖추고 있습니다.

이러한 구조에서 성장을 가속화하려면 어떻게 해야 할까요? 리테일 매장을 급속히 늘리면 고객들의 체험 공간이 많아져서 급속한 성장을 이룰 수 있을 것입니다. 그런데 블루보틀은 그렇게 하지 않았습니다. 왜 그랬을까요? 리테일 매장을 늘려서 고객들이 최고의 커피를 경험하게 하려면 최고의 전문가가 먼저 양성되어 있어야 합니다. 그런데 최고의 전문가는 돈이 있다고 금방 양성되는 것이 아닙니다. 블루보틀은 최고의 전문가를 먼저 양성하지 않고 매장을 늘리는 것은 바로 망하는 구조를 만든다는 것을 알았습니다. 그래서 블루보틀은 최고의 전문가가 양성된 후에 매장을 늘리는 선투자 후 성장 전략을 구사하고 있는 것입니다. 그렇게 해서 성장과 저투자라는 함정에 빠지지 않고 지속적으로 성장할 수 있었던 것입니다.

이러한 성장 전략은 얼핏 보기에는 굉장히 비효율적으로 보입니다. 성장의 속도가 매우 더디기 때문입니다. 하지만 이것만이 착실하게 최고의 커피를 제공한다는 브랜드의 명성을 쌓아올리는 유일한 방법입니다. 이러한 블루보틀의 전략은 M사가 물류 인프라에 대한 충분한 역량이 확보되지 않은 상황에서 성급하게 광고를 통해 짧은 시간에 다수의 고객을 확보함으로써 겪고 있는 품절 사태로 인한 고객이탈 현상과는 완전히 대비되는 모습으로 보입니다.

다음으로 혁신을 가로막는 시스템 원형에 대해 알아보도록 하겠습니다. 혁신을 가로막는 시스넴 원형으로 부담(짐) 띠넘기기 원형 등 네 가지 원형에 대해 소개하겠습니다.

시스템 원형 4. 부담(짐) 떠넘기기

이번에는 '부담 떠넘기기 원형'에 대해 이해하는 시간을 갖도록 하겠습니다. 일반적으로 성장하는 방법에는 두 가지가 있습니다. 하나는 근본적이고 장기적인 해결책이 될 수 있는 성장의 동력을 확보해 실질적으로 성장해나가는 방법입니다. 이것을 혁신이라고 합니다. 다른 하나는 임시방편의 성격을 가진 단기적인 해결책을 통해 현재의 위기를 넘기고자 하는 방법입니다. 이것을 임기응변이라고 합니다. 부담 떠넘기기 원형은 근본적이고 장기적인 해결책을 통해 성장하려고 하면 실질적인 성과가 나오기까지 지연이 발생해 당면한 어려움을 해결하기 어려우므로 당장의 어려움을 해소하기 위해 단기적인 해결책에 의존하는 경우에 나타나는 문제유형입니다.

이러한 부담 떠넘기기 원형은 두 개의 균형 피드백 루프와 하나의 강화 피드백 루프가 작동합니다. 단기 해결책이 작동하는 균형 피드백 루프와 장기 해결책이 작동하는 균형 피드백 루프가 동시에 공존할 때 사람들이 단기 해결책을 선호하는 경우 점차적으로 장기 해결책에 대한 자원배분이 줄어들면서 단기 해결책에 더욱 의존하게 되는 강화 피드백 루프가 작동합니다. 그러다 결국 장기 해결책을 만들어내는 역량이 사라지면서 단기 해결책에만 의존하다 망하게 됩니다.

사례를 들어 설명해 보겠습니다. 이 회사는 근본적으로는 신제품개발을 통해 성장해온 회사입니다. 그런데 신제품을 개발하기까지는 시간이 많이 걸리는 문제, 즉 지연이 있었습니다. 그래서 신제품개발이 늦어져서 매출이 감소하게 되자 임시방편으로 광고를 해서 매출을 확대하려고 했습니다. 그런데 의외로 광고로 인해 매출이 반짝 상승했습니다. 그러니까 광고만 해도 매출이 나온다는 것을 알고 광고를 통해 매출을 올리는 데 집중하게 되었습니다. 그렇게 광고에 집중하게 되자 신제품개발에 대한 자원배분은 줄어들게 되었습니다. 이러한 상황이 점차 심화되다 보니 신제품개발 인력이 떠나는 등 신제품개발역량이 점차 약화되었습니다. 결국 광고에만 의존해 매출을 일으키는 구조가 되었습니다. 그러나 광고에 의한 매출 증대에는 한계가 있습니다. 점차 성장의 한계에 다다르게 되니까 '아차' 하면서 다시 성장동력을 살리기 위해 신제품개

부담 떠넘기기 원형 사례: 매출감소의 해결책

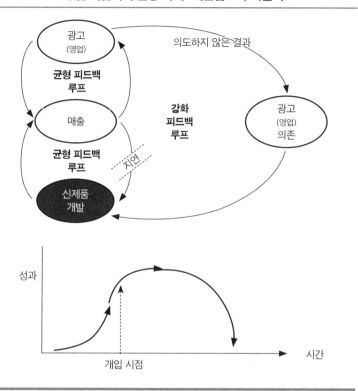

단기 해결책에 의한 효과가 줄어들 때 근본적인 해결책에 집중해야 함. 단기 해결책은 비상시에만 한시적으로 이용해야 함.
※ 평상시에 효과가 보이지 않는다고 근본 해결책에 대한 지원을 줄이지 말아야 함.

발에 투자하려고 했지만 이미 개발역량이 사라져서 다시 개발역량을 갖추기에는 시간이 너무 많이 걸려서 결국 망하게 됩니다. 이러한 문제를 해결하기 위한 핵심 레버리지는 무엇일까요? 이 사례에서는 장기적이고 근본적인 해결책인 신제품개발에 집중하는 것입니다. 당장의 어려움을 해결하기 위해 단기적인 해결책을 사용하더라도 근본적인 해결책에 대한 투자를 줄이지 않고 지속적으로 투자해 나감으로써 장기적인 성장동력을 지속해 나가는 것이 절대적으로 필요합니다.

잠깐 좋아지다가 다시 악화되는 문제가 있을 때는 그 이면에 장기적인 해결책은 접어두고 단기적인 해결책에 집중하는 부담 떠넘기기 원형이 작동하는 것은 아닌지 검토해볼 필요가 있습니다. 겉으로 나타나는 증상을 치료하는 데는 그 증상만 치료하는 단기적 해결책과 그 증상의 이면에 있는 근본적인 원인을 치료하는 장기적이고 근본적인 해결책이 있습니다. 그 증상을 제대로 치료하고자 한다면 근본적인 해결책에 집중해야 합니다. 근본적인 해결책 도출이 지연되면서 증상을 완화하기 위한 단기적 해결책이 불가피한 경우에는 시간을 버는 용도로 활용하는 선에서 그치고 기본적으로는 근본적인 해결책 마련에 집중해야 합니다. 설사 단기 해결책이 효과가 있다 하더라도 장기 해결책에 대한 자원 배분을 줄여서는 안 됩니다. 결국 장기적인 해결책만이 근본적인 해결책임을 명심하고 장기 해결책에 집중하는 것이 바람직합니다.

부담 떠넘기기 사례로는 어느 학습지 회사의 사례를 들 수 있겠습니다. 이 사례는 시스템 경영 강의 시 어느 수강생이 자신이 겪은 상황에 대해 발표한 내용을 인과지도로 재구성해본 것입니다.

어느 학습지 회사는 좋은 교사를 모집하고 양성해 학생들에게 양질의 교육 서비스를 제공함으로써 만족한 고객에 의해 매출이 창출되는 구조를 가지고 있었습니다. 그런데 좋은 교사를 양성하기까지는 시간이 오래 걸리고 무엇보다도 좋은 교사를 유지하기에는 비용이 많이 들어갔습니다. 그런데 어느 시점에 회사가 교사들에게 급여를 제대로 지급하지 못하는 일이 발생했습니다. 그러자 실

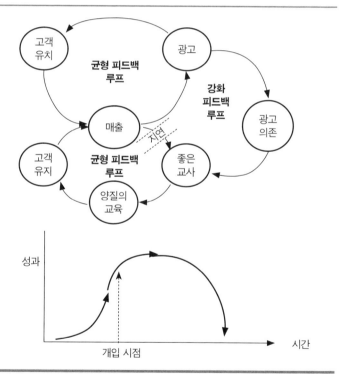

부담 떠넘기기 원형 사례: 학습지 회사

력이 있는 교사들은 빠져나가고 또 교사들 사이에 해당 학습지 회사에 대한 악성소문이 퍼져 실력 있는 교사들은 지원을 하지 않고 이제 배우려는 교사나 어디 갈 데가 없는 교사들만 지원하는 상황이 되었습니다. 그러자 교육의 질이 낮아졌고 이에 불만을 품은 고객들이 빠져나가기 시작했습니다.

회사가 더욱 어려워지자 학습지 회사 사장님은 지푸라기라도 잡는 심정으로 광고를 했습니다. 그런데 의외로 광고의 효과가 커서 많은 신규고객들을 유치할 수 있었습니다. 사장님은 좋은 교사를 키우는 것보다는 광고의 가성비가 훨씬 크다고 생각하고 좋은 교사를 모집하고 육성하는 것보다는 광고에 집중했습니다. 그러자 이렇게 모집된 신규고객들이 교육을 받아보고는 너무 질이 낮은 데 실망하고 빠져나갔습니다. 그러면 광고를 통해 신규로 모집해서 채우고 하는 것을 반복했습니다. 그러다가 학생들 사이에 해당 회사에 대한 악소문이 퍼지면서 광고로 학생들 모집하는 것도 한계에 부딪혔습니다. 결국 회사는 교사들로부터도 외면을 받고 학생들 사이에서도 외면을 받는 상황에 처하게 되었습니다.

그렇다면 이 회사가 지속적으로 성장하는 구조를 만들려면 어떻게 해야 했을까요? 회사가 중간에 조금 어려워졌을 때라도 좋은 교사들을 확보하고 유지하는 데 집중했다면 어땠을까요? 광고를 통해 신규로 학생들을 유치하여 매출이 올랐을 때 다시 광고에 다 쓰지 말고 좋은 교사를 확보하고 육성하는 데 활용했다면 어땠을까요? 그렇게 해서 근본적으로 학생들이 믿고 찾을 수 있는 학습지 회사로서의 가치를 만들어낼 수 있었다면 교사들과 학생들 모두에게 외면받는 상황이 만들어졌을까요? 근본적이고 장기적으로 성장을 시속시킬 수 있는 성장엔진에 투자하지 않고 임기응변적인 단기처방에 집중한다면 그 회사의 수명은 길지 않을 것입니다.

시스템 원형 5. 목표 완화(침식)

부담 떠넘기기 원형의 다른 유형으로 목표 완화(침식) 원형이 있습니다. 달성해야 할 목표와 현실 사이에 차이가 클 때 현실을 개선해 목표를 달성하기보다는 목표를 완화해 현실과 목표 사이의 차이를 줄이려고 할 때 나타나는 문제의 유형입니다.

목표와 현실 사이에 차이가 있을 때마다 두 가지 방향의 압력이 존재합니다. 하나는 현실을 개선하는 것이고 다른 하나는 목표를 완화하는 것입니다. 현실을 개선하기까지는 지연이 있기 때문에 목표 달성에 대한 압박이 심할 경우 쉽게 목표를 달성하고 싶은 마음에 목표 자체를 낮추려는 유혹이 작동합니다. 이러한 시스템 원형을 '목표 완화 또는 목표 침식' 원형이라고 합니다.

이 시스템 원형에는 두 개의 균형 피드백 루프가 작동합니다. 하나는 목표를 완화하고자 하는 균형 피드백 루프이고 다른 하나는 현실을 개선하려는 균형 피드백 루프입니다. 목표 완화 압력에 굴복하는 순간 현실을 개선하려는 동력은 약화됩니다. 이 시스템 원형은 부담(짐) 떠넘기기 구조의 특수한 형태이면서 부담 떠넘기기 구조와 연결되어 작동합니다. 원래의 목표를 달성하려면 근본적인 개선을 통해 목표를 달성해야 하는데 그렇게 하려면 지연으로 인해 쉽게 목표를 달성할 수 없으므로 임시방편만으로 달성할 수 있는 수준으로 목표를 하향 조정하려는 것입니다. 따라서 근본적인 개선을 이루어내려면 목표를 하향 조정하게 해서는 안 됩니다. 목표를 계속 하향 조정하게 되면 원래 계획했던 목표와의 갭을 줄이려는 노력이 사라지게 되어 애초의 목표를 달성할 가능성이 사라지게 됩니다.

사례를 들어 설명해보겠습니다. 이 회사는 작년까지 엄청 큰 적자가 났습니다. 그래서 올해에는 반드시 적자를 대폭 줄이고 내년에는 흑자를 낼 계획으로 있습니다. 그런데 시장 상황이 좋지가 않아서 반기가 다 지나도록 적자 개선 행동의 성과가 잘 나타나지 않았습니다. 그런데 앞으로 개선할 시간이 별로 없습니다. 그래서 올해의 적자 목표를 하향 조정해야 한다는 압력이 가해지기 시작합니다. 그러면 경영진에서는 갈등을 하다가 결국 시장 상황에 대한 핑계를 대며 적자 목표를 하향 조정합니다. 그러면 적자 목표와 적자 상황과의 갭이 줄어들며 적자 개선 활동에 대한 압박이 줄어듭

목표 침식 원형 사례: 적자 목표 하향 조정

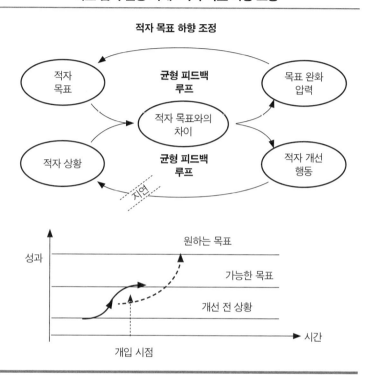

적자 목표 하향 조정

니다. 자연스럽게 적자 개선 활동 노력도 줄어듭니다. 이러한 상황이 반복되면 적자를 개선하려는 근본적인 개선 활동은 사라지고 적자 상황은 개선할 수 없게 됩니다.

이러한 문제를 해결하기 위한 핵심 레버리지는 무엇일까요? 목표를 포기하지 않는 것입니다. 이러한 목표는 비전과 연결되어 있습니다. 따라서 비전을 제대로 인식하게 하고 그러한 비전에 따라 왜 이 목표를 달성해야 하는지를 설득해야 합니다. 어떻게든 목표를 하향 조정하고자 하는 유혹을 이기게 만들어야 합니다. 그렇게 해야 근본적인 개선 활동을 통해 회사가 지속적으로 성장할 수 있는 것입니다.

이러한 목표 완화(침식) 원형은 부담 떠넘기기 원형과 같이 보조를 맞추는 경향이 있습니다. 부담 떠넘기기 원형에서 근본적인 해결책을 실행하려면 지연에 의해 시간이 많이 필요하므로 임기응변의 해결책을 선호하는 경향이 강합니다. 그런데 임기응변의 해결책은 단기적으로는 효과가 있을지 모르지만 장기적으로는 근본적인 해결책을 실행할 수 있는 역량을 상실하게 하는 부작용이 있습니다. 이로 인해 성장의 한계에 부딪히게 되고 극복할 수 있는 근본적인 개선역량을 상실하게 되어 결국 망하게 됩니다. 목표 완화 원형에서도 마찬가지로 원하는 목표를 달성하기 위해서는 임기응변의 해결책으로는 안 되고 근본적인 해결책이 실행되어야 합니다. 그런데 근본적인 해결책은 그 실행 성과가 나오기까지는 많은 시간이 필요합니다. 그래서 임기응변의 해결책을 사용하게 됩니다.

그런데 이러한 임기응변의 해결책으로는 원하는 목표를 달성할 수 없게 됩니다. 그래서 임기응변의 해결책을 통해 해결할 수 있는 수준으로 목표를 하향 조정하는 것입니다. 그러면 임시방편으로 목표를 달성할 수 있기 때문에 근본적인 해결책을 실행하지 않게 됩니다. 따라서 근본적인 해결책을 실행하게 하려면 애초에 설정한 목표를 하향 조정하면 안 됩니다. 애초에 설정한 목표를 굳건하게 유지해야 임기응변의 해결책을 추구하지 않고 근본적인 해결책을 추구할 수 있게 되는 것입니다. 즉 이러한 문제를 해결하려면 원래의 목표를 철저하게 고수해서 현실과 타협하지 않도록 해야 합니다. 그래야 근본적인 해결책을 찾아 실행하게 됨으로써 회사가 지속적으로 성장할 수 있는 것입니다.

시스템 원형 6. 처방의 실패

단기적으로 효과적인 해결책이 장기적으로는 예상하지 못한 결과를 초래하여 상황이 이전보다 더욱 악화되는 경우가 있습니다. 이러한 시스템 원형을 처방의 실패 원형이라고 합니다. 예를 들어 강력한 살충제를 써서 모기를 잡았는데 그로 인해 내성이 생긴 돌연변이가 발생하여 더 이상 사용할 수 없고 또 다른 해결책이 필요하게 된 경우가 이에 해당합니다. 즉 처방이 오히려 문제를 더욱 키운 경우라고 보면 되겠습니다.

처방의 실패 원형은 하나의 균형 피드백 루프와 하나의 강화 피드백 루프가 작동합니다. 어떤 문제가 발생했을 때 이것을 해결하려고 처방을 하면 단기간에는 해결이 되는 균형 피드백 루프가 작동합니다. 그런데 이러한 단기적인 처방은 시간이 지난 후 의도하지 않은 결과로 이전 처방으로는 해결할 수 없는 심각한 문제를 만들어내는 강화 피드백 루프가 작동합니다. 이 처방의 실패 원형은 매우 단순한 피드백 구조를 가지고 있지만 예상치 못한 결과가 시간지연을 통해 발생되기 때문에 피드백 구조를 사전에 발견하기가 쉽지 않습니다.

어느 기업에서 수익 향상을 위해 비용절감을 실시했습니다. 초반에는 단기적으로는 비용절감으로 인한 수익이 향상되었습니다. 그런데 장기적으로는 비용절감이 의도하지 않은 결과를 가져왔습니다. 비용절감 조치들로는 대부분 경우 원재료의 질을 낮추거나 인건비를 줄이기 위해 인력을 줄입니다. 그 결과는 상품의 품질을 떨어뜨리거나 고객과의 납기약속을 지키지 못하는 문제를 일으키게 됩니다. 그 결과 고객의 불만이 커지고 그로 인해 악소문이 나거나 재구매를 하지 않게 됨으로써 수익을 오히려 감소하게 만드는 작용을 하는 것입니다. 이는 다시 비용절감의 필요성을 증가시켜 다시 비용절감을 하게 합니다. 비용절감을 위한 조치들은 다시 납기와 품질 문제를 일으키고 이는 다시 고객의 불만으로 이어져 지속적인 수익 악화를 가져오는 악순환에 빠지게 됩니다.

이러한 문제를 해결하기 위한 핵심 레버리지는 무엇일까요? 수익을 내기 위한 단기적인 처방으로 비용절감 정책을 실시하지 않는 것입니다. 수익을 내기 위한 장기적인 처방은 무엇일까요? 인과

처방의 실패 사례: 비용 절감의 의도하지 않은 결과

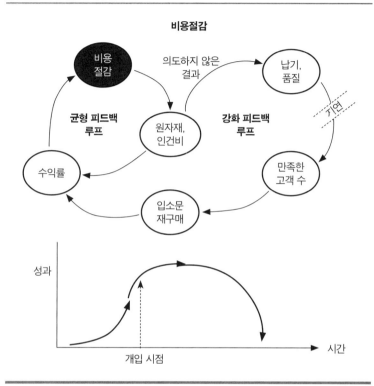

이전에는 효과적이었던 것이 더 이상 효과가 없을 뿐만 아니라 상황은 더욱 악화시킬 때 장기적인 대책에 집중해야 함. 그럴 수만 있다면 단기적인 대책을 포기해야 함.
※ 부분 최적 또는 단기 최적이 전체 최적 또는 장기 최적을 약화시킴.

관계를 따라가면 됩니다. 수익을 내기 위해서는 좋은 입소문과 재구매가 일어나도록 해야 합니다. 좋은 입소문과 재구매가 일어나려면 만족하는 고객이 많아야 합니다. 만족하는 고객을 많게 하려면 고객이 원하는 납기와 품질을 맞추어주어야 합니다. 고객이 원하는 납기와 품질을 맞추어주려면 비용절감을 위한 조치들을 하지 말아야 합니다. 즉 단기적인 비용절감을 하지 말고 고객이 원하는 납기와 품질을 맞추는 데 집중해야 장기적으로 수익을 낼 수 있는 구조가 만들어지는 것입니다.

이전에는 효과적이었던 단기적인 처방이 더 이상 효과가 없을 뿐만 아니라 상황을 더욱 악화시킬 때는 단기적인 처방을 멈추고 장기적인 대책에 집중하는 게 필요합니다. 대체적으로 증상에 대한 처방이 근본적인 문제를 악화시켜 더 큰 화를 불러오는 경우가 많으므로 되도록이면 증상에 따른 처방보다는 그러한 증상을 일으키는 근본적인 원인을 파악해 그 원인을 개선하는 데 초점을 맞추는 것이 중요합니다. 그런데 이러한 근본적인 원인은 대부분 잘못된 멘탈 모델인 경우가 많습니다.

여기 사례에서도 '단기적으로 비용절감을 통해 수익을 향상시키겠다.'는 회사 수익 중심의 멘탈 모델이 결국 장기적으로 수익을 악화시키는 악순환 구조를 만들어낸 반면에 '고객이 원하는 것을 맞추어줌으로써 장기적으로 성장할 수 있다.'는 고객 혜택 중심의 멘탈 모델이 결국 장기적으로 수익을 향상시키는 선순환 구조를 만들어냈습니다. 따라서 실패하는 처방을 내리지 않으려면 어떤 멘탈 모델이 어떤 구조를 만들어내는지에 대한 이해가 필요합니다. 즉 악순환 구조를 만들어내는 멘탈 모델이 무엇이고 선순환 구조를 만들어내는 멘탈 모델이 무엇인지를 알아야 이런 잘못된 처방을 예방할 수 있는 것입니다.

시스템 원형 7. 개혁의 실패

조직의 변화를 시도하는 리더들은 자신도 모르는 사이에 구성원들의 저항에 덜미를 잡히는 경우가 많습니다. 리더들이 명시적인 목표를 제시하면서 독려할 때 구성원들이 잠시 변하는 듯하다가 다시 원상태로 돌아가는 경우가 비일비재합니다. 이러한 패턴을 나타내는 시스템 원형을 '개혁의 실패 원형'이라고 합니다.

개혁의 실패 원형에서는 두 개의 균형 피드백 루프가 작동합니다. 하나는 명시적 목표를 달성하고자 하는 균형 피드백 루프이고 다른 하나는 암묵적 목표를 달성하려는 균형 피드백 루프입니다. 리더가 명시적 목표를 제시하고 개선을 독려하면 잠시 동안은 개선이 일어나다가 이러한 개선이 암묵적 목표와의 차이를 크게 만들어 암묵적 목표와의 차이를 좁히려는 압박이 커지면서 결국 암묵적 목표를 따르게 됩니다. 그렇게 되면 개혁은 실패하게 되는 것이지요. 사례를 들어 설명해보겠습니다.

어느 회사 사장님이 어느 날 사무실에 나와보니 모든 직원들이 책상에 엎드려 자고 있었습니다. 깜짝 놀란 사장님이 무슨 일인가 알아보니 직원들이 거의 매일을 밤 12시에 퇴근하는 등 오랜 기간

개혁의 실패 원형 사례: 노동시간 개혁의 실패

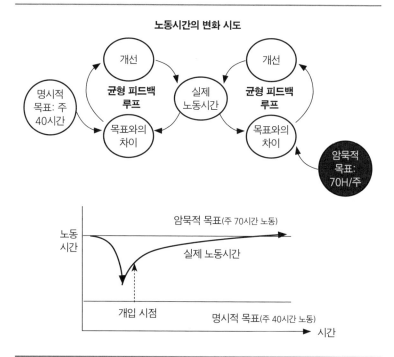

노동시간의 변화 시도

조직의 변화 시도가 실패로 돌아가는 현상이 나타날 때 암묵적 균형 피드백 루프가 작동하고 있는지 파악해서 개선해야 함.
※ 암묵적 균형 피드백 루프를 파악하지 못하고 하는 모든 변화 시도는 실패함.

동안의 야근으로 몸이 파김치가 되어 업무시간에 졸게 된 것입니다. 이러면 안 되겠다고 판단한 사장님이 모두 저녁 6시면 퇴근하라고 엄명을 내렸습니다. 그래서 초반에는 사람들이 사장님의 명령에 따라 6시에 퇴근하는 모습을 보였습니다. 그런데 어느 날부터 다시 직원들이 밤 늦게까지 남아 있는 것이 발견되기 시작했습니다. 왜 그런가 봤더니 사장님이 직원들을 모두 보내놓고 자신은 밤 10시까지 야근하고 있었던 것입니다. 그래서 직원들도 사장님을 따라 다시 밤 10시까지 남아 있게 된 것이었습니다.

사실 그 회사는 사장님이 젊었을 때 밤 12시까지 엄청 열심히 노력한 덕분에 이만큼 성장해 온 회사였습니다. 그래서 그 회사에서 근무하는 직원들은 사장님을 따라 밤 12시까지 일하고 일주일에 70시간 이상 일하는 것이 하나의 규범처럼 되어 있었습니다. 즉 일주일에 70시간 이상 일하는 것이 암묵적 목표였던 것입니다. 그런데 그것이 문제가 되어 직원들이 낮에도 졸게 되자 사장님이 명시적 목표로 저녁 6시면 모두 퇴근하게 해서 주 40시간만 일하도록 했던 것입니다. 그래서 처음에는 사장님의 말씀에 따라 주 40시간만 일하려고 했습니다. 그런데 사장님 본인은 직원들을 보내놓고 혼자서 밤 늦게까지 일하게 되니까 직원들도 자기들만 퇴근할수 없어 다시 밤 늦게까지 일하게 된 것이었습니다. 이처럼 암묵적 목표가 있는 경우에는 명시적 목표를 이루려고 해도 암묵적 목표가 발목을 잡아 다시 암묵적 목표로 수렴해가는 것이 개혁의 실패 원형의 모습입니다.

이러한 문제를 해결하기 위한 핵심 레버리지는 무엇일까요? 이러한 구조의 핵심 레버리지는 '암묵적 목표'가 존재하는 것을 아는 데에 있습니다. 즉 명시적 목표와 다른 암묵적 목표가 변화를 가로막는다는 것을 아는 것입니다. 따라서 명시적 목표를 달성하고자 한다면 암묵적 목표를 드러내어 명시적 목표와 같게 맞추어주어야 합니다. 그래야 구성원들이 어느 쪽에 맞추어야 하나 하는 고민을 하지 않고 단일한 목표에 따라 개선에 동참할 수 있게 되는 것입니다.

리더가 추진하는 변화가 구성원들에 의해 받아들여지지 않을 때는 그 이면에 반드시 암묵적 목표가 있다는 것을 인식하고 개선하는 것이 필요합니다. 일반적으로 리더는 입으로는 명시적 목표를 말하면서 행동으로는 암묵적 목표를 보여주는 경우가 많습니다. 그러면 구성원들은 리더의 입을 따라 명시적 목표를 달성해 가려고 하다가도 리더의 행동에 의해 나타나는 암묵적 목표로 다시 수렴해 가는 모습을 보입니다. 따라서 명시적 목표를 지키고 싶으면 리더가 말 따로 행동 따로 하는 모습을 보여서는 안 됩니다. 리더의 언행이 일치되어야 구성원들도 믿고 따를 수 있게 되는 것입니다.

이러한 개혁의 실패 원형은 도처에 있습니다. 특히 보상과 연계된 성과지표가 이러한 개혁의 발목을 잡는 결과를 가져오는 경우가 많습니다. 프로세스를 개선해 개선된 프로세스를 따르게 하고 싶어도 성과지표가 프로세스를 따르지 못하게 설계되어 있으면 처음에는 개선된 프로세스를 따르다가도 보상 때문에 기존 프로세스대로 일하게 되는 경우가 발생하는 것입니다. 이럴 때는 성과지표를 개선된 프로세스에 맞추어 재설계할 필요가 있습니다.

이상에서 경영과 밀접하게 연관된 대표적인 시스템 원형 일곱 가지를 살펴보았습니다. 우리가 이러한 시스템 구조를 이해하지 못하면 영문도 모른 채 시스템 구조에 휘둘리며 살아가게 됩니다. 우리가 기저에 깔린 시스템 구조를 더 잘 이해할수록 문제에 적절히 대응할 수 있습니다. 시스템 이론가 다니엘 H. 김은 "우리는 시스템 안에서 일하는 게 아니라 시스템 위에서 일하는 법을 배워야 합니다."라고 말합니다. 시스템 위에서 일한다는 것은 시스템 구조에 갇혀 사는 것이 아니라 시스템 구조를 이해하고 개선할 수 있게 됨으로써 원하는 것을 얻을 수 있도록 시스템 구조를 만들어갈 수 있다는 것을 의미합니다. 시스템 위에서 일하는 사람은 다음과 같은 질문을 할 수 있습니다. "어떻게 하면 우리는 시스템 운영자가 아닌 시스템을 디자인하는 사람이 될 수 있을까?"

우리는 시스템이 어떻게 작동하는지 알지 못하면 그저 시스템이 만들어내는 특정한 사건들, 즉 눈에 보이는 것에만 반응하며 살게 됩니다. 그러나 시스템 사고를 하게 되면 개별적인 사건들 너머로 그것들의 장기적인 패턴을 볼 수 있습니다. 일단 패턴을 파악하면 패턴을 만들어내는 보이지 않는 구조를 발견할 수 있게 됩니다. 그렇게 되면 우리가 원하는 결과를 얻을 수 있도록 시스템의 구조를 디자인하여 재구성할 수 있게 되는 것입니다.

우리가 위에서 배운 시스템 원형을 잘 활용하게 되면 쉽게 이러한 시스템 구조를 파악할 수 있게 되고 목적하는 바를 달성할 수 있는 방향으로 시스템을 디자인할 수 있게 됩니다. 복잡한 시스템 구조 속에서 시스템 원형을 파악할 수 있으면 시스템의 성장을 가로막는 제약이 어디에 있는지 확인할 수 있게 됩니다. 그러면 어떻게 시스템 구조를 개선해나갈지를 알 수 있습니다.

3

문제를 구조화해
핵심 레버리지를 찾아 해결하라

　이번에는 시스템 사고를 통해 문제를 인식하고 인과지도를 통해 문제를 구조화한 후 핵심 레버리지를 찾아 문제를 해결하는 프로세스에 대해 알아보도록 하겠습니다.

　첫 번째 단계로 문제를 정의합니다. 문제가 나타나는 증상을 파악하다 보면 전체적인 문제가 무엇인지 정리가 됩니다. 이러한 문제의 증상은 한 가지로만 나타나는 것이 아니라 다양한 형태로 나타납니다. 가령 매출 하락과 함께 고객만족도 하락과 직원 이탈 등의 문제가 같이 나타납니다. 이러한 증상들을 파악하여 전체적인 문제가 무엇인지 정의합니다.

　두 번째 단계로 이러한 문제를 일으키는 잠재적인 원인이 무엇

문제해결 프로세스

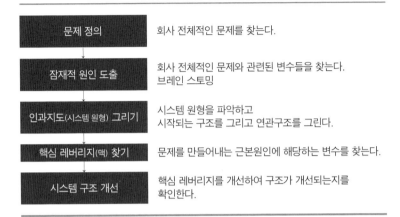

문제 정의	회사 전체적인 문제를 찾는다.
잠재적 원인 도출	회사 전체적인 문제와 관련된 변수들을 찾는다. 브레인 스토밍
인과지도(시스템 원형) 그리기	시스템 원형을 파악하고 시작되는 구조를 그리고 연관구조를 그린다.
핵심 레버리지(맥) 찾기	문제를 만들어내는 근본원인에 해당하는 변수를 찾는다.
시스템 구조 개선	핵심 레버리지를 개선하여 구조가 개선되는지를 확인한다.

인지 파악합니다. 이러한 잠재적인 원인들을 브레인스토밍을 통해 생각나는 대로 작성해봅니다. 이러한 원인들에는 직원들의 이탈과 같이 겉으로 드러나는 증상도 있고, 겉으로 드러나지 않지만 겉으로 드러난 증상 이면에서 그러한 증상이 나타나게 하는 요소, 즉 팀원들 간의 갈등 같은 요소도 있습니다.

세 번째 단계로 이러한 문제를 나타나게 만드는 구조를 파악하기 위해 인과지도를 그려봅니다. 문제의 증상과 원인에 대해 파악하게 되면 대략 어떠한 시스템 원형이 작동하는지 유추해볼 수 있습니다. 유추한 시스템 원형을 참조해서 미리 도출된 원인들 간의 인과관계를 따져가면서 인과지도를 그려봅니다.

네 번째 단계로 구조를 근본적으로 변화시킬 수 있는 핵심 레버리지를 찾아봅니다. 인과지도를 그리게 되면 어디가 문제인지 어디를 개선하면 전체 구조가 우리가 원하는 방향으로 전환될 수 있는지를 알게 해주는 핵심 레버리지를 찾아낼 수 있습니다.

다섯 번째 단계로 핵심 레버리지를 개선하여 실제로 구조가 변화되는지를 확인합니다. 핵심 레버리지를 변화시키면 그것이 원인이 되어 다음 단계가 변화되고 이러한 변화의 연쇄작용을 통해 전체 구조가 우리가 원하는 결과를 만들어낼 수 있게 되는지 확인하는 것입니다.

이러한 과정을 사례를 들어 보여드리도록 하겠습니다. 본 사례는 어느 첨단기술 분야의 기업에서 발생한 문제를 재구성해본 것입니다. 먼저 문제의 상황부터 파악해보겠습니다. 첫 번째 단계는 문제를 정의하는 단계입니다. 여기에서는 여러 가지 현상들이 있지만 결국은 매출과 이익의 둔화, 즉 성장의 정체가 핵심이라고 할 수 있겠습니다.

두 번째 단계는 문제를 일으키는 잠재적인 원인을 찾아보는 것입니다. 현상에서 나타나는 원인들을 죽 나열해봅니다.

세 번째 단계는 문제의 구조를 파악하기 위한 인과지도를 그려보는 것입니다. 먼저 인과지도의 전체 구조는 어떤 시스템 원형에 해당할 것인지를 파악합니다. 여기에서는 성장의 정체 원형에 해당한다고 하겠습니다. 성장의 정체 원형이라고 하면 가장 먼저 그

현상

문제의 상황

- 첨단기술 분야 신생기업인 A사는 연구개발을 통한 지속적인 신제품 시판을 통해 성장을 이루어왔다. 그런데 6개월 전부터 매출과 이익이 둔화되었다. 현재 상황이라면 앞으로 1년 뒤에는 매출과 이익성장률이 0%가 될 가능성이 있다.

- 신제품개발과 시판이 늦어지고 있다. 제품개발 기간도 1년 전에 비해 1.5배 길어졌다. 상위 직급 엔지니어들은 관리 업무가 늘어났다고 하소연한다.

- 상위 엔지니어들의 연구개발에 대한 시간 비중이 줄어들고 있다. 이것에 불만을 가진 선임 엔지니어들의 퇴사가 늘고 있다. 연구원들의 사기가 떨어지고 있다.

문제 정의

첨단기술 분야 신생기업인 A사는 연구개발을 통한 지속적인 신제품 시판을 통해 성장을 이루어왔다. 그런데 6개월 전부터 매출과 이익이 둔화되었다. 현재 상황이라면 앞으로 1년 뒤에는 매출 및 이익성장률이 0%가 될 가능성이 있다.

↓

신제품개발과 시판이 늦어지고 있다. 제품개발 기간도 1년 전에 비해 1.5배 길어졌다. 상위직급 엔지니어들은 관리 업무가 늘어났다고 하소연한다.

↓

상위 엔지니어들의 연구개발에 대한 시간 비중이 줄어들고 있다. 이것에 불만을 가진 선임 엔지니어들의 퇴사가 늘고 있다. 연구원들의 사기가 저하되고 있다.

↓

성장이 정체되고 있다.

원인 리스트 업

∨ 신제품개발과 시판이 늦어지고 있다.

∨ 제품개발 기간이 길어지고 있다.

∨ 상위 직급 엔지니어들의 관리 업무 부담이 늘고 있다.

∨ 상위 직급 엔지니어들의 연구 업무시간이 줄어들고 있다.

∨ 선임 엔지니어들의 퇴사가 늘고 있다.

∨ 연구원들의 사기가 떨어지고 있다.

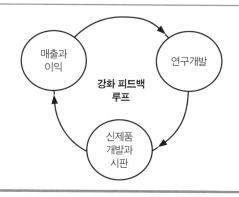

강화 피드백 루프: 성장 구조

매출과 이익 → 연구개발

강화 피드백 루프

신제품 개발과 시판

려야 할 것은 성장 구조인 강화 피드백 루프입니다. 이 기업은 연구개발을 통한 신제품개발과 시판을 통해 매출과 이익을 일으키는 성장 구조를 가지고 있습니다.

다음으로 성장의 한계를 가져오는 균형 피드백 루프를 그릴 차례입니다. 성장의 한계는 대부분 성장이 초래하는 자원의 한계로 인하여 작동합니다. 성장이 무슨 자원을 고갈시키는지를 파악하면 되겠습니다.

이 사례에서는 성장으로 인해 신제품개발과 시판이 늦어지는 것이 성장을 정체시키는 요소가 되는 것으로 보입니다. 왜 신제품개발과 시판이 늦어지는가 봤더니 제품개발 기간이 늘어난 것입니다. 왜 제품개발 기간이 늘어났는지를 보니까 상급 기술자의 제품개발에 대한 업무비중이 줄어들었습니다. 왜 제품개발 업무 비중이 줄

성장의 정체

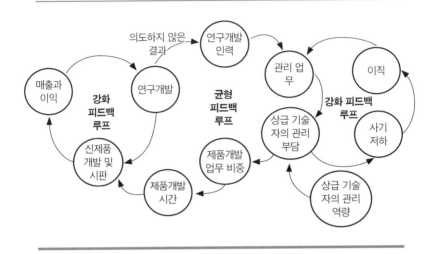

어들었는지를 보니까 상급 기술자의 관리부담이 증가했습니다. 왜 상급 기술자의 관리부담이 증가되었는지를 보니까 관리 업무가 늘어났습니다. 왜 관리 업무가 늘어났는지 보니까 연구개발 인력이 늘어났습니다. 왜 연구개발 인력이 늘어났는지 보니까 연구개발에 대한 투자가 늘어났습니다. 즉 연구개발에 대한 투자로 연구개발 인력이 늘어났고 이로 인해 관리 업무가 늘어났습니다. 그런데 상급 기술자의 관리역량은 그대로인 상황이었기 때문에 상급 기술자의 관리부담이 늘어난 것입니다. 그것이 제품개발이 집중하지 못하게 했고 결국 제품개발 기간이 늘어나면서 제품개발과 시판이 늦어지게 된 것이었습니다. 그것이 매출과 이익의 둔화, 즉 성장의 정체에 빠지게 했던 것입니다. 이러한 문제를 더욱 악화시킨 것은 상급 기술자들의 사기저하와 이에 따른 이직 등으로 그렇지 않아도 부족한 상급 기술자의 부담을 더욱 크게 했던 것입니다.

네 번째 단계는 구조를 바꿀 수 있는 핵심 레버리지를 찾는 것입니다. 이 구조에서 핵심은 상급 기술자가 제품개발 업무에 집중하도록 만들어주는 것입니다. 그렇게 하는 데 장애가 되는 요소가 무엇인가요? 바로 상급 기술자의 관리역량입니다. 즉 상급 기술자의 관리역량이 핵심 레버리지가 되는 것이지요.

다섯 번째 단계는 핵심 레버리지를 어떻게 바꿀 것인가 하는 것입니다. 그것을 통해 실제로 구조가 우리가 원하는 결과를 가져올 수 있도록 바뀌는지 확인해볼 수 있습니다. 그렇다면 어떻게 하면 상급 기술자의 관리역량의 문제를 해결하여 제품개발에 집중하는 시간을 유지시켜줄 수 있을까요? 개선방법으로는 세 가지 정도가 있을 것 같습니다. 상급 기술자의 관리역량을 키워주든가, 상급 기술자의 수를 늘려서 관리부담을 줄여주든가, 아니면 별도의 관리자를 두어 상급 기술자는 제품개발에만 전념하게 하든가 하는 것입니다. 그렇게 하면 문제가 해결되나요? 한번 보도록 하겠습니다.

연구개발에 대한 투자로 제품개발과 시판을 통해 매출과 이익이 늘어나는 구조를 가지고 있습니다. 그런데 연구개발에 대한 투자는 연구개발 인력을 증가를 가져옵니다. 그래서 관리 업무가 늘어납니

성장의 한계극복

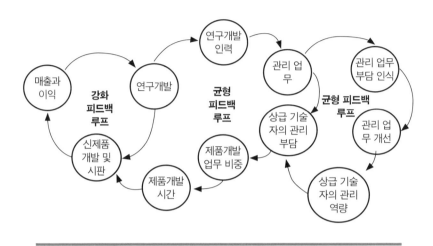

다. 그런데 관리 업무에 대한 부담이 늘어나는 것을 인식하고 관리 업무를 개선해줍니다. 개선의 방향은 관리역량을 키워주든가 관리자를 추가해주든가 관리 업무를 분리하는 것입니다. 그러한 개선의 결과 상급 기술자의 관리역량의 한계로 인해 상급관리자의 관리부담이 증가하는 일이 발생하지 않습니다. 그러면 제품개발 업무의 비중이 줄어들지 않고 그래서 제품개발 기간이 지연되지 않습니다. 그래서 제품개발과 시판이 정상적으로 이루어집니다. 그러면 지속적으로 매출과 이익이 늘어나는 구조를 가져가게 될 것입니다. 이것이 문제가 발생했을 때 인과지도를 통해 문제가 만들어지는 구조를 파악해 개선함으로써 근본적으로 문제가 발생하지 않도록 만들어주는 해결 방법입니다.

　지금까지 시스템 사고를 통한 문제해결 방법에 대해 말씀드렸습니다. 여러분께서도 시스템 사고를 통해 어떻게 문제를 정의하고 구조화하여 해결해나가는지 이해하셨을 것이라 생각합니다. 3부에서는 지금까지 배운 내용들을 기반으로 시스템 경영을 어떻게 해야 하는가에 대해 말씀드리도록 하겠습니다.

3부

시스템
경영을 하라

Systems Designer

—

　지금까지 시스템과 시스템 사고에 대해 배웠습니다. 3부에서는 이러한 지식을 바탕으로 어떻게 우리 조직에 시스템 경영을 적용해볼 수 있을까에 대해 말씀드리도록 하겠습니다. 시스템 경영의 핵심은 '원하는 것이 있다면 구조를 만들어라.'입니다. 즉 원하는 것을 이루기 위해서는 먼저 시스템 사고를 통해 '되는 구조'를 이해하고 시스템을 통해 '되는 구조'를 만들어서 행할 수 있게 하면 됩니다.

　'먼저 구조를 이해하고 그러한 구조에 따라 자연스럽게 원하는 것을 얻을 수 있는 시스템을 구축하라.'라는 접근방법을 쉽게 이해할 수 있는 사례를 소개해드리도록 하겠습니다. 이 사례는 어느 회

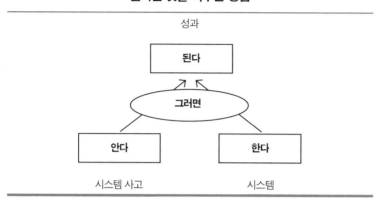

원하는 것을 이루는 방법

성과

| 된다 |

그러면

| 안다 | | 한다 |

시스템 사고 시스템

사 부서장을 코칭하면서 파악한 내용을 바탕으로 만든 사례입니다.

먼저 문제부터 이해해보겠습니다. 이 부서장은 고참급 팀원과의 관계에서 심각한 갈등을 겪고 있었습니다. 부서장은 그 팀원의 업무방식에 심각한 문제가 있음을 인식하고 있었습니다. 그래서 자꾸 업무방식을 바꾸라고 얘기하는데 그 팀원은 받아들이지 않고 있다고 했습니다. 일례를 들면 어느 날은 부하직원이 처리해야 할 일이 11건이나 되어 그것을 처리하느라 주말까지 나와서 일했다고 투덜대는 것을 보았다고 합니다. 그런데 부서장이 보기에는 그 팀원이 처리한 11건 중 중요한 일은 3건밖에 되지 않았고 그나마 중요한 그 3건에 대해서는 제대로 처리하지 못해 문제가 많았다고 합니다. 이처럼 그 팀원이 업무의 중요도를 구분하지도 않고 손에 잡히는 대로 처리하는 바람에 진짜 제대로 처리해야 할 중요한 것은 제대로 처리하지도 못하는 등 매우 비효율적인 업무처리를 한다는 불만을 품고 있었습니다. 그 이유를 그 부서장은 그 팀원이 일을 할 때 그 일의 목적을 생각하지 않고 일하기 때문이라고 보고 있었습니다. 그래서 그 팀원에게 일을 할 때 목적을 생각하면서 하라고 몇 번을 얘기했는데도 그 팀원이 귀담아듣지 않는다는 것이었습니다. 이러한 갈등을 아래와 같은 그림으로 표현해보았습니다.

부서장이 생각하는 갈등 구조입니다. 부서장의 말에 의하면 그 팀원은 조직에서 원하는 성과를 내기 위해서는 효율적으로 일해야

어느 부서장과 부하직원의 갈등 구조

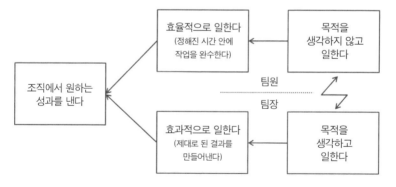

• 일은 중요도와 관계없이 다 해야 한다.
• 목적을 생각해가면서 일을 하면 시간이 너무 걸린다.
• 하던 대로 하면 결과는 나온다.

• 일에는 경중이 있고 중요한 것부터 해야 한다.
• 목적을 생각해가면서 일을 하면 오히려 일을 줄일 수 있다.
• 목적을 생각하지 않고 일을 하면 제대로 된 결과를 얻을 수 없다.

한다고 생각하고 있다고 합니다. 효율적으로 일한다는 의미는 정해진 시간 내에 빨리 맡겨진 작업을 완료하고 집에 가고 싶다는 의미가 담겨 있습니다. 이렇게 효율적으로 일하기 위해서는 목적을 생각하지 않고 일해야 한다고 생각한다고 합니다. 해야 할 일이 너무 많은데 일을 할 때마다 목적을 생각해가면서 하려고 하면 너무 많은 시간이 걸려서 제시간 안에 일을 다 처리하기가 어렵다는 것입니다. 그래서 목적을 생각하지 않고 일을 빨리빨리 처리하고 싶어한다는 것입니다.

이에 반해 부서장은 조직에서 원하는 성과를 내기 위해서는 효과적으로 일해야 한다고 생각합니다. 효과적으로 일한다는 것의 의미는 일의 경중을 구분해서 중요한 것부터 제대로 된 결과를 만들어낼 수 있어야 한다는 의미입니다. 이렇게 효과적으로 일하기 위해서는 목적을 생각하면서 일해야 한다는 생각을 가지고 있습니다. 목적을 생각하면서 일하면 우선순위에 따라서 중요한 것부터 할 수 있어서 오히려 더 일을 줄일 수 있고 더 중요한 것은 제대로 된 결과를 얻을 수 있기 때문이라는 것입니다. 그래서 목적을 생각하면서 일해야 한다고 생각하고 있습니다.

자, 문제의 구조를 파악했으니 이제는 부서장 입장에서 문제를 해결해야 합니다. 어떻게 하면 좋을까요? 일단 부서장이 생각하는 효과적으로 일하는 구조를 그려보겠습니다. 부서장이 생각하는 성

효과적으로 일하는 구조

해결방법

팀원이 하고 싶은 대로 일만 해도
원하는 결과를 얻을 수 있는 방법이 없을까?

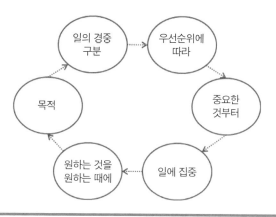

과를 내며 일하는 구조는 먼저 일의 목적이 뭔지 생각합니다. 그리고 그 목적에 따라 일의 경중을 구분합니다. 일의 경중이 구분되면 우선순위에 따라 중요한 것부터 일을 할 수 있습니다. 그래서 중요한 것부터 일에 집중하게 되면 원하는 때에 원하는 결과를 낼 수 있습니다. 그것은 바로 목적을 달성하는 것입니다. 이렇게 효과적으로 일하는 구조를 정의했습니다.

다음으로는 이러한 구조에서 부서장이 원하는 성과를 팀원이 낼수 있도록 하기 위해서는 어떻게 할 것인가를 생각해보겠습니다. 팀원은 일의 목적은 생각하지 않고 단지 일에만 집중하고 싶다고

효과적으로 일하는 시스템

해결방법

팀원이 하고 싶은 대로 일만 해도
원하는 결과를 얻을 수 있는 방법이 없을까?

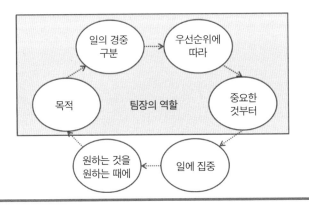

합니다. 그렇다면 팀원이 원하는 바와 같이 일에만 집중하면서도
부서장이 원하는 목적을 달성하게 하려면 어떻게 하면 될까요?

일의 목적을 생각해서 일의 경중을 구분하고 우선순위에 따라
중요한 것부터 처리하는 작업을 팀원에게 맡기지 말고 부서장이
직접 합니다. 그리고 팀원에게는 중요한 것부터 하나씩 일을 배정
함으로써 팀원은 배정된 일만 열심히 하게 하는 것입니다. 그렇게
하면 팀원이 일만 열심히 해도 부서장이 원하는 결과를 얻을 수 있
습니다. 이러한 해결책은 팀원의 상황이 목적을 생각하면서 일하
고 싶지 않다는 니즈가 있기 때문에 거기에 적합한 해결책입니다.

이 사례를 다른 조직에 가서 소개를 하니 그 조직에서는 정반대의 반응이 나왔습니다. 그 조직에서는 팀원들은 부서장이 업무를 통째로 맡기면 자기가 알아서 목적을 생각하면서 우선순위에 따라 일하고 싶어합니다. 그런데 부서장이 그렇게 하지 않고 자신이 모든 것을 다 생각한 다음에 팀원들은 손발로서의 역할만 하라고 요구하니까 그것에 대해 반발이 심했습니다. 이처럼 먼저 그 조직원들의 일하는 구조를 파악한 후에 그에 맞게 일하는 시스템을 갖추어가는 것이 효과적이고 효율적으로 일할 수 있는 방법이라고 생각합니다.

앞의 사례에서와 같이 이번 장에서는 되는 구조를 알고 되는 구조를 만들어 원하는 것을 이루는 시스템 경영 방법에 대해 말씀드려보겠습니다. '우리 회사가 어떤 구조로 돌아가고 있는가?'를 알고 이에 필요한 시스템을 구축하는 시스템 경영에는 두 가지 접근 방법이 있습니다. 하나는 조직에서 반복적으로 발생하는 고질적 문제를 해결하기 위한 '문제를 해결하는 시스템 경영'이고 다른 하나는 조직의 지속적 성장을 이루어나갈 수 있는 구조를 만들기 위한 '성장을 촉진하는 시스템 경영'입니다.

먼저 문제를 해결하는 시스템 경영부터 말씀드리겠습니다.

5장

어떻게 시스템 경영으로
문제를 해결하는가

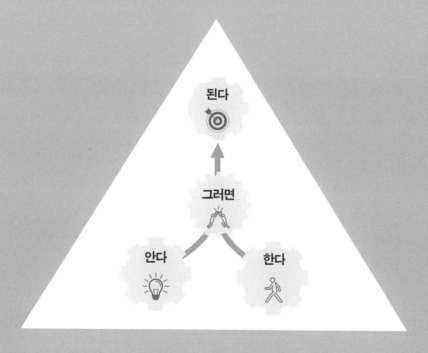

1

문제해결 프레임워크를 통해
문제를 구조화한다

이번 장에서는 고질적 문제에 대응하는 관점에서 시스템 사고를 통해 문제의 구조를 이해하고 시스템을 통해 문제를 해결해나가는 방법에 대해 말씀드리도록 하겠습니다.

문제 관점에서 구조를 이해하는 방법은 현재 우리 회사에서 나타나는 문제가 무엇인가를 규명하여 그러한 문제는 어떠한 구조에 의해서 발생하는지를 파악해 그러한 구조를 바꾸는 접근방법을 취합니다. 이것은 시스템 사고의 문제해결 프레임워크에 따른 방식이라고 볼 수 있습니다.

문제 관점의 접근방법은 먼저 반복적으로 발생하는 문제에서 출발합니다. 그리고 그러한 문제를 반복적으로 발생시키는 구조를

문제해결 프레임워크

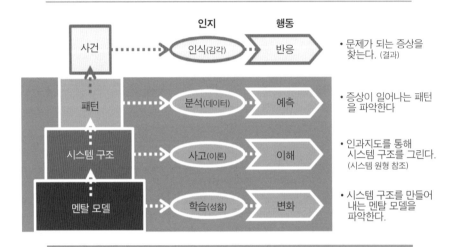

파악합니다. 그런데 그러한 구조를 파악하다 보면 종국에는 그러한 구조를 만들어내는 멘탈 모델을 발견하게 됩니다. 이러한 멘탈 모델을 바꾸게 되면 구조가 바뀌고 구조가 바뀌면 근본적으로 문제가 해결됩니다.

2

보안사고를 어떻게
예방할 것인가

이번 사례는 어느 회사의 보안부서가 고질적으로 안고 있는 문제를 가지고 만들어보았습니다. 어느 회사에서는 가끔씩 외부 해커들에 의해 고객정보 등이 해킹당하는 보안사고가 일어난다고 합니다. 이러한 보안사고를 예방하려면 모든 시스템을 구축할 때 보안부서에서 제시하는 보안규정에 따라 시스템을 개발해야 한다고 합니다. 그런데 그러한 규정에 따라 시스템을 개발하려면 시간이 많이 걸려서 예상납기를 지키기 어려운 경우가 많다고 합니다. 그래서 납기에 쫓긴 개발자들이 보안규정을 어기고 편법으로 시스템을 오픈하는 경우가 있다고 합니다. 그렇게 오픈한 시스템은 또 해킹 위험에 노출되는 경우가 있다고 합니다. 그렇게 해서 보안사고가 일어나면 경영진은 보안부서에 책임을 묻게 되고, 그러면 보안부서는 더욱 엄격한 보안규정을 만들어 배포하고, 그것이 또 개발부서의 업무부담을 가중시키고 그래서 개발부서는 보안규정을 우회하는 편법을 써서 업무부담에서 벗어나려고 합니다. 그러면 다시 해킹 사고가 일어나는 악순환 구조를 가지고 있습니다. 어떻게 해야 할까요?

먼저 악순환 구조를 그려보도록 하겠습니다. 보안사고가 일어나는 악순환 구조를 한번 보도록 하겠습니다. 보안사고가 일어나면 경영진에서 보안부서에 책임을 묻고 대책을 강구하라고 합니다. 보안부서에서는 경영진의 질책이 무서워 보안규정을 더욱 엄격하게 합니다. 그러면 개발부서의 업무부담은 더욱 가중이 됩니다. 그러면 개발부서는 편법을 써서 오픈을 합니다. 그러면 또 보안사고가 일어납니다. 그러면 또 경영진이 보안부서에 책임을 추궁하면서 대책을 강구하라고 합니다. 그러면 보안부서는 또 보안규정을 강화합니다. 그러면 또 개발부서의 업무부담이 가중되면서 편법을 쓰게 되고 또 이것이 보안사고로 이어지는 악순환 구조가 만들어집니다.

이러한 악순환 구조가 만들어지는 이면에는 '보안사고의 책임이 보안부서에 있다.'고 하는 암묵적인 멘탈 모델이 있기 때문이라고 생각합니다. 보안사고가 일어나는 직접적인 원인을 보면 개발

보안사고의 악순환 구조

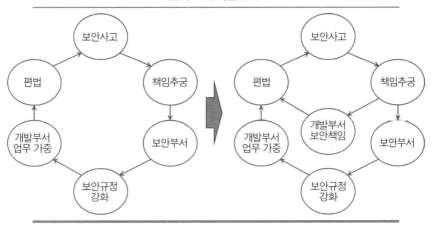

부서가 보안규정을 준수하지 않고 편법적으로 오픈하기 때문입니다. 그렇다면 왜 개발부서는 편법적으로 오픈할까요? 단순히 보안부서의 보안규정 강화로 인해 개발부서의 업무부담이 커지기 때문일까요? 제 생각에는 보안사고에 대한 책임이 개발부서에 있는 것이 아니라 보안부서에 있다고 생각하기 때문일 것이라고 생각합니다. 보안사고의 책임이 개발부서에 있다고 생각한다면 보안규정이 까다롭더라도 보안규정을 준수하기 위해 노력할 것입니다.

그렇다면 왜 개발부서는 보안사고의 책임이 개발부서가 아니라 보안부서에 있다고 생각하는 것일까요? 그것은 보안사고가 일어났을 때 경영진이 보안부서에 책임을 추궁하고 대책을 강구하라고 하기 때문입니다. 그래서 개발부서는 보안사고의 책임에서 벗어나고 보안부서는 보안대책을 강구하기 위해 보안규정을 더욱 강화하게 됩니다. 그러면 개발부서는 자기들 책임도 아닌데 강화된 보안규정을 준수하느라 본인들의 책임에 해당하는 납기를 지키지 못하는 것은 용납이 되지 않기 때문에 편법을 써서라도 납기를 준수하고자 하는 것입니다.

그렇다면 어떻게 하면 될까요? 일단 개발부서가 보안사고의 책임이 본인들에게 있다는 인식을 하게 하면 됩니다. 그렇게 되면 어떻게 될까요? 개발부서가 보안사고가 본인들의 책임이라고 인식하게 되면 업무부담이 가중되더라도 보안규정을 준수해 개발하고자 할 것입니다. 그러면 편법으로 오픈하지 않게 될 것이고 그러면 보안사고가 일어나지 않게 될 것입니다. 보안사고가 일어나지 않으면 경영진도 보안부서에 책임을 추궁하지 않을 것이고 그러면 보안부서도 보안규정을 필요이상으로 강화하지 않을 것입니다. 그러면 개발부서의 업무부담도 가중되지 않을 것입니다. 그러면 편법으로 오픈하지 않아도 될 것입니다. 그러면 더욱 보안사고는 일어나지 않게 될 것입니다. 이렇게 해서 보안사고가 일어나지 않는 피드백 구조가 만들어지는 것입니다. 설사 보안사고가 일어나더라도 개발부서가 보안부서의 도움을 받아 해결하려는 의지를 갖게 되어 보안사고가 재발하지 않도록 노력하게 될 것입니다.

그렇다면 이제 필요한 것은 개발부서가 보안사고를 본인들의 책임이라고 인식하게 할 수 있는 시스템을 만들 차례입니다. 어떻게 하면 될까요? 먼저 생각해보아야 할 것은 시스템의 성격이 무엇인지 파악하는 것입니다. 이 시스템은 몰입지원 시스템일까요? 행동제어 시스템일까요? 편법을 저지르지 않게 하는 것이기 때문에 행동제어 시스템으로 볼 수 있습니다. 행동제어 시스템은 어떻게 구축하나요? 바람직하지 않은 행동을 하고 싶다는 생각 자체를 하지 못하도록 규칙이나 장치를 만들거나 바람직한 행동을 하고 싶도록 인센티브를 제공하면 됩니다. 바람직하지 않은 행동을 하지 못하도록 하기 위해서는 자기가 행한 바람직하지 못한 행동이 드러나서 이에 따른 책임을 질 가능성이 있다는 것을 알게 해주는 방법이 있습니다. 개발 시스템 실명제 같은 것이 대표적인 방법이 될 수 있습니다. 그래서 만약 관련 시스템에서 보안사고가 일어난 경우에는 그에 대한 책임을 실명제에 등록된 개발자에게 묻는다면 편법으로 오픈할 수 있을까요? 즉 개발자들에게 보안규정 준수의 의무가 있다는 것을 알려주고 만약 보안규정을 준수하지 않음으로 인해 보안사고가 발생할 때는 본인이 책임을 지겠다는 서약을 하게 하고 이러한 서명에 기반하여 실명제를 실시하여 추후 문제발생 시에 책임을 묻게 하는 시스템을 구축한다면 보안규정을 무시하고 편법으로 오픈하는 문제가 재발하지는 않을 것이라고 생각합니다.

3

부서 간 충돌을
어떻게 해결할 것인가

이번 사례는 어느 스포츠용품 제조·유통 회사가 새로운 상품개발을 통해 성장하고자 할 때 발생했던 사례입니다. 어느 스포츠용품 제조·유통 회사는 매년 새로운 기술을 적용한 신상품을 개발해 시장에 선보여 왔습니다. 그에 대한 시장의 반응은 좋은 편입니다. 그런데 이러한 신상품을 제조하여 판매하는 과정에서 문제가 발생했습니다. 시장의 수요는 높은데 정작 이 회사는 이 상품을 고객이 원하는 때에 납품하지 못하고 있었던 것입니다. 스포츠용품은 타이밍이 중요한데 시장대응력에 문제가 있어 타이밍을 놓치고 그로 인해 팔 수 있을 때 팔지 못하고 팔 시기가 지나서야 제품이 납품됨으로써 팔지 못하는 재고가 창고에 쌓여 있는 문제가 발생했습

어느 스포츠용품 제조·유통 회사의 공급망 구조

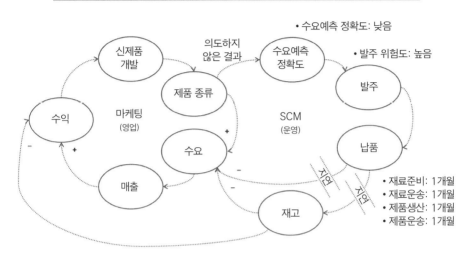

- 잘 팔리는 것: 결품 → 매출 기회 상실
- 안 팔리는 것: 과잉 재고 → 재고비용 증가

니다. 왜 이런 문제가 발생했을까요? 먼저 문제가 발생하는 구조를 그려서 근본적인 문제를 파악하고 시스템을 통해 해결할 수 있는 방안을 찾아보도록 하겠습니다.

마케팅 측면에서 보면 신제품을 개발하면 제품 종류가 늘어나고 제품 종류가 늘어나면 고객이 선택할 수 있는 상품이 늘어나기 때문에 수요가 커집니다. 수요가 커지면 매출이 커지고 수익이 높아집니다. 이러한 수익을 다시 신제품개발에 투자합니다. 그러면 다시 제품 종류가 늘어나고 수요가 커지는 선순환 구조가 만들어집니다.

그런데 여기서 의도하지 않은 결과가 나타납니다. 신제품이 개발되고 제품 종류가 많아지면 각각에 대한 수요예측의 정확도가 낮아집니다. 특히 신제품의 경우 시장의 수요를 미리 알기 어렵기 때문에 소극적으로 예측할 수밖에 없습니다. 그리고 기존 제품은 작년 기준으로 예측하게 됩니다. 그러면 신제품이나 기존제품이나 시장 수요와 무관한 예측이 이뤄집니다. 구매부서 또한 영업에서 예측한 수량대로 발주를 하게 됩니다. 그런데 발주를 한 후 납품이 되기까지는 최소 4개월에서 6개월가량의 시간의 지연이 일어납니다. 그래서 한 번 수요예측을 잘못하면 발주 후 납품까지의 시간이 많이 걸리기 때문에 시장의 수요의 변화에 대응하지 못하고 한 시즌을 그냥 보내게 됩니다. 그래서 잘 팔리는 것은 결품이 발생하고 안 팔리는 것은 재고로 창고로 쌓이게 되는 것입니다. 그리고 잘 팔리는 것의 발주를 적게 했다면 그 시즌의 매출과 수익은 하락하게 됩니다. 안 팔리는 제품은 재고로 쌓여 현금이 묶이게 됩니다. 그러면 신제품개발에 대한 투자를 하지 못하게 되고 성장의 기회를 놓치게 됩니다.

이러한 문제를 해결할 방법은 무엇일까요? 여기서의 문제의 구조부터 보면 첫 번째로 신제품개발을 통해 제품의 종류가 많아지면 제품 종류별 수요를 예측하기가 어려워집니다. 그렇다면 신제품개발로 인해 제품 종류가 많아져도 제품 종류별 수요예측의 정확도를 높일 수 있는 방법을 찾아보면 어떨까요? 두 번째로 수요예측의 정확도가 낮아지면 발주 또한 잘못될 가능성이 커집니다. 그렇다면 수요예측이 정확하지 않더라도 변화하는 시장수요에 즉각적으로 대응할 수 있는 발주체계를 통해 적시 발주와 적시 납품이 가능하게 하는 방법을 찾아보면 어떨까요? 세 번째로는 발주와 납품이 제때 이루어지지 않는다면 고객의 수요에 대응할 수 있는 방법이 없습니다. 그렇다면 발주와 납품이 제때 이뤄지지 않더라도 고객의 수요에 대응할 수 있도록 유통망에서 재고를 관리할 수 있는 방법은 없을까요?

전체 최적화 기법을 활용하여 공급망관리SCM 시스템을 구축하면 위에서 언급한 세 가지 문제를 해결할 수 있습니다. 먼저 첫 번째 문제인 제품 종류가 많아지더라도 수요예측의 정확도를 높이는 방법에 대해 생각해보도록 하겠습니다. 매년 신차를 발표하는 자동차 업계에서는 '부품의 표준화·공용화'를 통해 이러한 문제를 해결하고 있습니다. 이를 설계모듈화라고 합니다. 이는 표준화된 부품을 공용화해서 레고블록처럼 조합함으로써 소수의 부품으로 다양한 제품을 생산할 수 있도록 하는 개념입니다. 이러한 설계모듈화는 다양한 차종의 구비와 부품 종류의 삭감이라는 효과를 동시에 달성할 수 있게 해줍니다. 이것은 회사 차원에서는 검증된 부품생산으로 인한 안정적인 품질확보와 소수의 공용부품을 대량으로 생산하게 하는 규모의 경제를 달성할 수 있어 비용절감을 동시에 달성할 수 있게 해줍니다.

이러한 개념을 스포츠용품 생산에도 적용할 수 있습니다. 스포츠용품 중에서 축구공만 한 번 생각해봐도 이러한 부품의 표준화와 공용화를 적용할 수 있다는 것을 알 수 있습니다. 축구공은 공의 가장 안쪽 부분에 브래더Bladder가 있고 다음으로 언더지와 부직포로 구성되어 있는 내피, 그리고 공의 표면을 이루고 있는 외피로 구성되어 있습니다. 공의 차이는 제일 안쪽의 브래더의 재질, 제일 바깥쪽의 외피의 재질, 그리고 외피를 어떻게 마감하느냐에 따라 고급 볼과 중저가 볼로 나뉩니다. 브래더는 라텍스 브래더와 부틸 브래더로 구분할 수 있습니다. 라텍스 브래더는 탄성이 우수하여 고급볼에 사용되고 있으며 부틸 브래더는 중저가 볼에 사용되고 있습니다. 내피는 PVC 소재와 PU 소재로 구분할 수 있습니다. PU 소재는 탄력과 내마모성이 뛰어나고 겨울철에도 유연함을 잃지 않는 등 우수한 특성으로 주로 고급볼에 사용되며 PVC 소재는 겨울철에는 볼이 딱딱해지는 등의 한계가 있어 중저가 볼에 사용됩니다. 외피의 마감에도 접착식과 사람에의 의한 박음질, 기계에 의한 박음질 등의 차이로 고급볼과 중저가 볼을 구분할 수 있습니다. 고급볼에는 접착식이 주로 이용되며 중저가 볼에는 박음질 방식이 이용됩니다.

이러한 몇 가지 요소를 기준으로 제품설계를 표준화하고 공용화하면 몇 가지 구성만으로 다양한 제품을 생산할 수 있어 제품의 다양화에 따른 수요예측의 불확실함을 감소시켜 줄 수 있습니다. 수요예측은 특정 브랜드에 대해 이루어지는 것이기 때문에 불확실성이 높다고 하더라도 제품을 생산하는 소재는 표준화·공용화 되기 때문에 다수의 제품을 한 가지 소재로 생산이 가능하다면 그만큼 불확실성을 줄일 수가 있게 되는 것입니다. 그렇게 되면 이전에 즉 제품과 소재가 바로 연결되어 있을 때는 특정 제품을 만들 때 필요한 소재는 다른 제품을 만들 때는 사용할 수 없었기 때문에 수요예측이 부정확하면 그만큼 문제가 발생했습니다. 그런데 부품의 공용화 이후에는 어떤 제품을 만들더라도 같은 소재를 이용할 수 있어 제품의 대량생산의 이점과 함께 수요예측의 정확도를 높일 수 있게 되었습니다. 그러면 설사 특정제품의 수요예측에 실패했다 하더라도 같은 소재로 다른 제품을 생산할 수 있기 때문에 신속하게 잘 팔리는 대체품으로 생산을 할 수 있어 수요예측의 정확도 보다는 신속한 생산능력이 더 중요해지게 됩니다.

두 번째 수요예측이 정확하지 않더라도 적시에 발주하고 적시에 납품할 수 있는 체계를 갖추는 방법에 대해 알아보도록 하겠습니다. 이러한 방식을 제약이론TOC, Theory of Constraints에서는 계획생산인 비축생산MTS, Make to Stock에 대비하여 가용생산MTA, Make to Availability이라고 부릅니다. 계획생산의 경우에는 수요예측이 잘못될 경우 잘 팔리는 제품은 결품이 나고 안 팔리는 제품은 과잉재고가 발생하는 문제가 발생합니다. 이를 보완하기 위해 등장한 개념이 바로 가용생산MTA입니다. 가용성 생산은 계획생산과 주문생산의 장점을 모두 취한 개념으로 계획생산과 같이 고객이 주문하면 바로 제공할 수 있는 재고를 갖추고 있되 주문생산과 같이 고객의 수요에 맞추어 유연하게 생산할 수 있는 개념을 말합니다. 이러한 개념을 공장에 적용하면 공장의 창고에 재고를 일정수량만큼 쌓아놓고 고객의 주문 시 바로 이 재고를 보내주고 공장을 다시 가동하여 소진된 재고만큼 바로 후보충하는 시스템을 운영할 수 있습니다.

스포츠용품 제조에서도 마찬가지 방식으로 적용해볼 수가 있습니다. 두 가지 방식으로 적용해 볼 수가 있습니다. 하나는 완제품을 생산하여 공장 중앙창고에 저장해 두었다가 주문이 오면 바로 보내주는 방식이 있고 다른 하나는 소재를 준비해 놓았다가 주문이 오면 바로 생산하여 보내주는 방식이 있습니다. 스포츠용품 제조유통업체에 대해서는 후자의 방식을 제안했는데요. 해당업체에서 생산하는 축구공의 경우 파키스탄에 있는 공장에서 주문을 받고 생산해 한국에 있는 유통창고까지 보내는 데 최소 4개월이 걸립니다. 그래서 수요예측을 잘못하면 4개월이라는 지연 때문에 대응하지 못하고 한 시즌을 마감해야 하는 상황이 벌어진 것입니다.

그런데 4개월이라는 시간을 구분해보면 주문을 받고 소재를 조달하는 데까지 2개월이 걸립니다. 소재를 마련해 생산을 하는데 1개월이 걸리고 이를 한국까지 이동시키는 데 1개월이 걸립니다. 따라서 만약 소재를 미리 준비해놓을 수 있다면 2개월이라는 시간을 절약할 수 있습니다. 그렇다면 어떻게 하면 소재를 미리 준비해놓을 수 있을까요? 앞에서 말씀드린 소재의 표준화와 공용화가 된다면 공장에서는 소재 재고를 여러 제품에 활용할 수 있기 때문에 대량으로 구매해 미리 준비해놓을 수 있고 또한 소재가 소진되면 바로 후보충으로 채워넣을 수 있습니다. 그러면 주문 후 2개월이면 제품을 생산해 한국까지 보낼 수 있습니다. 그러면 수요예측에 문제가 있더라도 바로 대응해 시즌이 끝나기 전에 필요한 양을 확보할 수 있게 됩니다.

세 번째 발주와 납품이 제때 이뤄지지 않더라도 고객의 수요에 대응할 수 있도록 유통망에서 재고 관리방법에 대해 알아보도록 하겠습니다. 이러한 방식을 가용성 유통DTA, Distribute to Availability이라고 합니다. 이것은 유통업체에서의 재고관리를 후보충방식으로 한다는 개념입니다. 목표 재고를 정해놓고 주문이 오면 바로 대응하고 소진된 재고를 다시 후보충하는 방식으로 운영합니다.

스포츠용품 제조유통업체에서도 동일한 방식으로 운영할 수가 있습니다. 일단 계절성에 따라 목표 재고를 정합니다. 그런 후 일정한 발주 주기를 정해놓고 그 주기가 되면 현재 재고와 목표 재고를 비교해 목표 재고와 현재 재고의 차이만큼을 발주하여 보충하는 방식으로 운영할 수 있습니다.

이렇게 세 가지 방식의 시스템을 구축하여 운영하게 되면 제품이 다양화되어 수요예측의 불확실성이 커지더라도 결품과 과잉재고의 문제가 없이 고객의 주문에 유연하게 대응할 수 있게 됩니다. 이렇게 문제의 구조를 이해하면 그 이면에서 그러한 구조를 만드는 근본원리를 이해하게 되고 이러한 근본원리를 개선할 수 있는 시스템을 구축하면 문제를 근본적으로 해결할 수 있습니다.

6장

어떻게 시스템 경영으로
성장을 촉진하는가

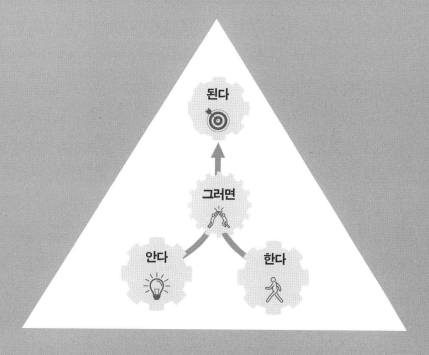

1

성장 촉진 프레임워크를 통해
성장의 구조를 설계한다

이번 장에서는 성장을 촉진하는 구조를 만들어가는 관점에서 시스템 사고를 통해 성장의 구조를 논리적으로 구성하고 시스템을 통해 성장의 구조가 가동될 수 있도록 하는 방법에 대해 말씀드리도록 하겠습니다.

성장의 구조를 논리적으로 구성하기 위해서는 우리 회사를 성장하게 하는 논리를 규명하고 이러한 논리를 스토리로 구성할 수 있어야 합니다. 스토리 구성을 위한 성장 촉진 프레임워크는 다음과 같은 5가지 요소로 구성됩니다.

첫째는 성과입니다. '우리가 얻는 것은 뭐냐?'에 대한 답입니다. 우리가 지속적으로 성장하기 위해서는 지속적인 성장을 만들어내

성장 촉진 프레임워크

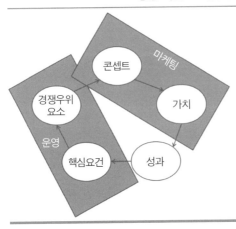

- 성과: 우리가 얻는 것은 뭐나?
  - 고객확보·재방문
- 가치: 고객이 얻는 가치가 뭐나?
  - 저가격·여유 있는 휴식
- 콘셉트: 가치제공을 위한 콘셉트가 뭐나?
  - 저비용 구조·제3의 장소
- 경쟁우위 요소: 경쟁우위 요소는 뭐나?
  - 대량생산체제·조용한 매장 분위기
- 핵심요건: 핵심요건은 뭐나?
  - 표준화·직영매장

는 성장 지렛대가 필요합니다. 이러한 성장 지렛대를 우리가 얻는 성과라고 볼 수 있습니다. 이러한 성과에는 고객확보나 고객의 재방문과 같은 것이 있습니다. 우리가 성장하기 위해서는 이러한 성과를 지속적으로 달성할 수 있도록 만들어야 합니다.

둘째는 가치입니다. '고객이 얻는 가치가 뭐나?'에 대한 답입니다. 고객은 가치를 느낄 때 우리가 원하는 것을 줍니다. 그래서 우리가 원하는 것을 얻기 전에 고객이 원하는 가치를 제공해주어야 합니다. 고객이 얻는 가치는 저가격이나 여유로운 휴식과 같이 고객이 우리 회사의 상품이나 서비스를 이용하는 이유에 해당하는 것입니다.

셋째는 콘셉트입니다. '고객에게 어떤 가치를 제공할 것이냐?'

에 대한 답입니다. 고객이 원하는 가치를 제공하려면 고객이 원하는 가치를 창조해낼 수 있는 콘셉트가 필요합니다. 고객에게 제공하는 가치의 콘셉트는 저비용 구조나 제3의 장소와 같이 고객에게 주는 가치를 창출하기 위한 전략적 지향점이라고 할 수 있습니다.

넷째는 경쟁우위 요소입니다. '콘셉트라고 하는 전략적 지향점을 추구하기 위해 필요한 경쟁우위 요소가 뭐냐?'에 대한 답입니다. 다른 경쟁사들과는 차별화된 독특한 콘셉트를 만들어내기 위해서는 우리만의 경쟁우위 요소가 있어야 합니다. 그러한 경쟁우위 요소로는 대량생산체제나 조용한 매장 분위기 같은 것이 있습니다.

다섯째는 핵심요건입니다. '경쟁우위 요소를 구성하기 위한 전제조건이 무엇이냐?'에 대한 답입니다. 경쟁우위 요소를 만들어내기 위해서는 경쟁우위 요소를 만들어낼 수 있는 제약이 필요합니다. 이러한 제약에 해당하는 것이 핵심요건입니다. 이러한 핵심요건으로는 표준화나 직영매장과 같이 경쟁우위 요소가 갖추어지기 위해 필요한 조건들이 있습니다.

이러한 요소들을 반영해 스토리를 구성한 사례를 몇 가지 제시해보겠습니다.

2

스타벅스는 어떻게 성장했는가

스타벅스의 성장 스토리는 다음과 같이 구성됩니다. 스타벅스가 얻는 성과부터 정의해보겠습니다. 스타벅스가 지속적으로 수익을 내기 위해서 필요한 성과는 고객들이 자주 재방문하는 것입니다. 이러한 성과를 얻기 위해서는 고객들이 자주 재방문할 수 있도록 만드는 것이 필요합니다. 스타벅스는 도심에서 바쁘게 근무하는 직장인들에게 '여유 있게 휴식을 취할 수 있는 공간'을 만들어주면 가능할 것으로 생각했습니다. 그래서 스타벅스는 직장인들이 도심 속에서 여유 있게 휴식을 취할 수 있는 '제3의 장소'를 만들어보는 것으로 콘셉트를 정의했습니다. 이렇게 직장인들이 도심 속에서 여유 있게 휴식을 취할 수 있는 '제3의 장소'를 창출하기 위해서는

스타벅스의 성장 구조

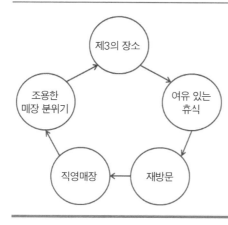

- 성과: 우리가 얻는 것은 무엇인가?
  - 재방문
- 가치: 고객이 얻는 가치는 무엇인가?
  - 여유 있는 휴식
- 콘셉트: 가치제공을 위한 콘셉트는 무엇인가?
  - 제3의 장소
- 경쟁우위 요소: 경쟁우위 요소는 무엇인가?
  - 조용한 매장 분위기
- 핵심요건: 핵심요건은 무엇인가?
  - 직영매장

이러한 콘셉트를 가능하게 하는 경쟁우위 요소가 필요합니다.

스타벅스가 그러한 경쟁우위 요소로 정의한 것이 느긋하게 쉴 수 있는 '조용한 매장 분위기'입니다. 이렇게 '제3의 장소'라는 콘셉트를 구현하기 위해 필요한 경쟁우위 요소에는 느긋하게 쉴 수 있는 '조용한 매장 분위기' 이외에도 다양한 경쟁우위 요소를 추가할 수 있습니다. 매장의 입지 또한 중요한 요소입니다. 바쁘게 일하는 직장인들이 도심 속에서 여유 있게 휴식을 취할 수 있으려면 매장이 도심 속에 직장인들 가까이 있어야 합니다. 그래서 스타벅스는 시내 중심가에 집중적으로 매장을 여는 전략을 취했습니다. 그리고 직원들 또한 중요한 요소입니다. 고객들이 느긋하게 쉴 수 있는 매장이 되기 위해서는 직원들 또한 이러한 분위기를 만들어줄 수 있어야 합니다. 그래서 스타벅스는 전직원을 정규직으로 채용해 훈련하고 배치했습니다.

이러한 경쟁우위 요소들을 갖추려면 어떠한 제약조건이 필요할까요? 스타벅스는 이러한 경쟁우위 요소들을 갖추기 위해 필요한 핵심요건으로 직영매장체제를 선택했습니다. 프랜차이즈를 하면 스타벅스의 사업이기도 하지만 점주들 입장에서는 자기 사업이기도 하기 때문에 눈앞에 보이는 자기들의 이익을 위해 이러한 경쟁우위 요소를 무시할 수도 있다는 점을 고려한 것입니다. 그래서 스타벅스는 '제3의 장소'라는 콘셉트를 창출하기 위해 시내 중심가에 직영매장을 집중 운영함으로써 도심 속에서 느긋하게 휴식을 취할 수 있는 환경을 만들어내고 있습니다. 그러한 결과로 스타벅스는 고객들이 거의 매일 방문하여 휴식을 취하는 명소로서 자리를 잡게 되었습니다.

3

마부치모터는 어떻게 성장했는가

마부치모터의 성장 스토리는 다음과 같이 구성됩니다. 마부치모터가 지속적으로 성장하기 위해 필요한 성과는 지속적인 신규고객의 확보입니다. 이러한 성과를 내기 위해서는 고객이 원하는 것을 제공해주어야 합니다. 마부치모터는 그것을 저가격으로 보았습니다. 제조원가에 대해 압박을 받는 제조업체에게 제품을 저가격에 제공할 수 있다면 지속적으로 신규고객을 확보할 수 있을 것으로 생각했습니다. 마부치모터가 저가격에 제품을 공급하려면 조직의 전 역량을 저비용 구조를 갖추는 데 집중해야 한다고 생각했습니다.

이러한 저비용 구조를 갖추기 위해서 필요한 경쟁우위 요소로

마부치 모터의 성장 구조

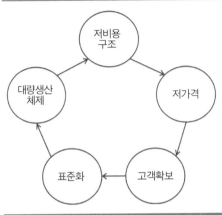

- 성과: 우리가 얻는 것은 무엇인가?
  – 고객확보
- 가치: 고객이 얻는 가치는 무엇인가?
  – 저가격
- 콘셉트: 가치제공을 위한 콘셉트는 무엇인가?
  – 저비용 구조
- 경쟁우위 요소: 경쟁우위 요소는 무엇인가?
  – 대량생산 체제
- 핵심요건: 핵심요건은 무엇인가?
  – 표준화

마부치모터는 소품종 대량생산체제를 선택했습니다. 저비용 구조를 갖추기 위한 경쟁우위 요소에는 소품종 대량생산체제 외에 다양한 것이 있습니다. 비수기와 성수기가 명확한 소형모터 분야에서 저비용 구조를 만들기 위해서는 주문생산보다는 계획생산을 할 수 있어야 합니다. 그리고 인건비가 비싼 일본보다는 인건비가 훨씬 저렴한 동남아 국가나 중국에서 생산할 수 있어야 합니다. 그리고 숙련공에 의지하기보다는 비숙련공도 빠르게 적합한 제품을 만들어낼 수 있어야 합니다.

이러한 경쟁우위 요소들을 갖추려면 어떠한 제약조건이 필요할까요? 마부치모터는 이러한 경쟁우위 요소들을 갖추기 위해 필요한 핵심요건으로 '표준화'를 선택했습니다. 마부치모터는 '표준화'

를 통해 소품종 대량생산체제, 계획생산, 그리고 해외생산과 비숙련공에 의한 생산 등을 가능하게 만들었습니다. 그 결과 마부치모터는 저가격을 기반으로 세계 소형모터 부문에서 세계시장 점유율이 2019년 기준 70%에 달하게 되었습니다.

한 가지 고려해봐야 할 것은 이러한 싱장 구조를 그릴 때 처음부터 완벽하게 할 필요는 없습니다. 처음에는 단계별로 한 가지 요소만 가져가도 됩니다. 이 구조가 만들어지면 이후에 점차 요소들을 추가해나갈 수가 있습니다. 이러한 사례로 아마존의 경영자 제프 베이조스가 냅킨에 작성했다는 성장 모델을 들 수 있습니다. 처음에 제프 베이조스는 딱 한 가지 사이클만 그렸습니다. 성장이 저비용 구조를 만들고, 저비용 구조에 따라 저가격으로 고객 경험을 좋게 하고, 고객거래에 따른 트래픽을 증가시켰고, 트래픽의 증가는 판매자의 관심을 끌어 다양한 판매자들이 참여함으로 인해 고객들의 선택의 폭이 넓어졌습니다.

그러자 다시 고객 경험이 좋아졌고, 그로 인해 고객들의 트래픽이 늘어나 다시 판매자들을 끌어들이는 성장 구조를 만들어냈습니다. 제프 베이조스의 핵심 콘셉트은 '최고의 고객 경험을 제공한다.'는 것으로 이를 위한 경쟁우위 요소들을 지속적으로 추가해나갔습니다. 맞춤형 상품추천, 자체 물류센터를 통한 신속한 배송, 아마존 마켓플레이스를 통한 판매자의 확대, 프라임 서비스를 통한

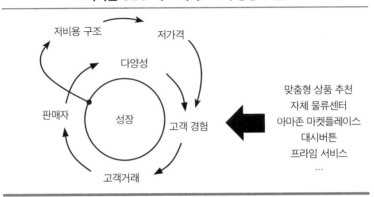

아마존 CEO 제프 베이조스의 성장 모델

저비용 구조

저가격

다양성

성장

고객 경험

판매자

고객거래

맞춤형 상품 추천
자체 물류센터
아마존 마켓플레이스
대시버튼
프라임 서비스
…

서비스 만족도 제고 등의 경쟁우위 요소를 지속적으로 확대해 고객 경험을 지속적으로 강화하는 접근법을 추구한 결과 지금은 세계 1위의 유통기업으로 성장할 수 있었습니다.

이와 같이 각 기업이 성장하기 위해서는 이와 같은 성장 구조를 논리적인 스토리로 구성할 수 있어야 합니다. 그리고 모든 구성원이 이러한 스토리를 이해하고 이러한 스토리에 입각해 업무를 수행해 나감으로써 이러한 스토리에 기반하여 성장이 이루어질 수 있도록 만들어나가야 합니다.

그런데 그렇게 하고 싶은데 막상 하고자 하면 어떻게 해야 되는지 막막할 수가 있습니다. 그래서 비즈니스 모델을 만들 때 참고할 만한 기법과 지속적으로 경쟁우위 요소를 만들어갈 때 참고할 만한 기법을 소개해드리도록 하겠습니다.

4

어떻게 비즈니스 모델과 경쟁우위 요소를 만들 것인가

먼저 비즈니스 모델을 만들 때 참고할 만한 기법은 마이클 트레이시가 『마켓 리더의 전략』이라는 책에서 제시한 마켓 리더의 세 가지 가치전략입니다. 이러한 가치전략Value Discipline은 가치제안 Value Proposition과 가치지향적 운영모델Value-driven Operating Model로 구성되어 있습니다. 앞에서 성장 촉진 프레임워크에서 제시한 마케팅 요소인 가치와 콘셉트가 가치제안에 해당하고 운영요소인 경쟁우위 요소와 핵심요건이 가치지향적 운영모델에 해당합니다.

마이클 트레이시가 제시한 마켓 리더의 세 가지 가치전략은 제품 리더십Product Leadership, 운영상의 탁월Operation Excellence, 그리고 고객 밀착Customer Intimacy입니다. 첫 번째 전략인 제품 리더십을 추

마이클 트레이시의 마켓 리더의 세 가지 가치 전략

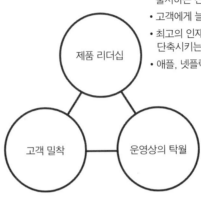

제품 리더십
- 가장 훌륭한 제품·서비스를 재빠르게 출시하는 전략
- 고객에게 늘 새로운 기대를 갖게 만듦
- 최고의 인재를 통해 제품개발 주기를 단축시키는 것이 핵심 경쟁력
- 애플, 넷플릭스

고객 밀착
- 시장이 아니라 개별고객이 원하는 것을 무엇이든 제공하는 전략(맞춤화된 토털 솔루션)
- 고객에게 원하는 것을 제공받을 수 있음을 기대하게 만듦
- 고객의 사업을 이해하고 이에 맞는 솔루션을 제공하는 것이 핵심 경쟁력
- 에어본 익스프레스, IBM 등

운영상의 탁월
- 적절한 제품·서비스를 저가격에 불편 없이 제공하는 전략
- 고객에게 일정한 수준의 품질과 가격을 기대하게 만듦
- 고객의 기대에 부합하는 수준의 무결점 서비스를 제공하는 것이 핵심경쟁력
- 페덱스, 월마트, 맥도날드 등

구하는 기업은 제품의 우수성을 지속적으로 향상시키는 데 주안점을 두고 있습니다. 이들의 고객에 대한 가치제안은 가장 훌륭한 제품을 신속하게 제공하는 것일 뿐 그 이상도 그 이하도 아닙니다. 특히 이 기업들은 단 하나의 혁신적인 제품으로 우위를 차지하는 것이 아니라 매년 그리고 제품 주기마다 혁신을 계속합니다. 앞에서 제시한 사례에서는 아마존이 가장 가까운 사례로 보입니다. 아마존은 저가격의 대명사처럼 보이지만 진정으로 추구하는 것은 최상의 고객 경험 제공입니다. 아마존은 최상의 고객 경험을 제공하기 위해 저가격, 다양성 추구, 그리고 자체 물류센터 운영 등 지속

적인 혁신을 추구해왔습니다.

두 번째 전략인 운영상의 탁월을 추구하는 기업은 근본적으로 제품이나 서비스의 혁신이나 고객과의 긴밀한 관계 구축을 목표로 하지 않습니다. 대신 적정한 제품과 서비스를 저가격에 편리하게 제공하는 것을 목표로 합니다. 이러한 기업들의 고객에 대한 가치 제안은 '저가격과 단순한 서비스'입니다. 앞에서 제시한 사례에서는 마부치모터가 대표적인 사례로 보입니다. 마부치모터는 저가격의 단순한 제품과 서비스를 제공하기 위해 표준화에 기반한 저비용 구조를 만들었습니다. 그렇게 함으로써 맞춤형 제품과 서비스를 제공하던 소형모터 시장을 표준화된 제품과 서비스를 제공하는 시장으로 바꾸어놓았습니다.

세 번째 전략인 고객 밀착을 추구하는 기업은 시장이 아니라 개별 고객이 원하는 것을 제공하는 데 모든 초점을 맞춥니다. 고객 밀착 기업들은 한 번의 거래가 아닌 지속적인 관계를 형성하려 합니다. 이러한 기업들은 고객과의 밀착된 관계 덕분에 자신들만이 아는 고객의 독특한 니즈를 충족시키는 데 능숙합니다. 그래서 그러한 기업들의 가치제안은 고객에 적합한 최상의 솔루션을 제공함으로써 고객이 원하는 최적의 결과를 얻을 수 있도록 하는 것입니다. 앞에서 제시한 사례에서는 스타벅스가 가장 가까운 사례로 보입니다. 스타벅스는 도심 속의 직장인들에게 초점을 맞추어 느긋하게

그로스 해킹 방법

급속한 성장 전략 추구 방안

급속한 성장 전략 추구 방안

| 아하! 순간 창출 | 성장 전략 해킹 |

- '제품의 유용성이 사용자에게 제대로 받아들여지는 순간'을 만드는 것 → 와! 저것 가지고 싶다.
- 이베이: 경매에 나온 유일무이한 아이템을 건지는 순간 '아하!'

- 성장의 지렛대를 발견하는 것
  → 성장 방정식의 정의
  → 핵심 성장 지표
- 이베이: 판매를 위해 내놓은 아이템 수
  → 어떻게 하면 아이템 수를 늘릴 것인가에 집중

그로스 해킹 절차

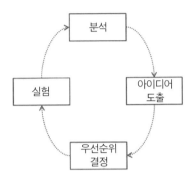

분석 → 아이디어 도출 → 우선순위 결정 → 실험 → 분석

쉴 수 있는 제3의 공간을 제공하는 것을 목표로 하고 있습니다. 그러한 환경을 갖출 수 있도록 직영매장 체제를 갖추고 고객들이 필요로 하는 모든 편의를 제공하고 있습니다. 그렇게 함으로써 그들이 매일 찾아와서 쉬어가는 공간으로 자리매김함으로써 고객과의 지속적인 관계를 맺어가고 있습니다. 이와 관련한 자세한 사항은 마이클 트레이시의 『마켓 리더의 전략』을 참조하시기 바랍니다.

다음으로 지속적인 경쟁우위를 만들어가고자 할 때 참고할 만한 기법으로는 그로스 해킹Growth Hacking 기법을 참조하시면 되겠습니다. 그로스 해킹은 급격한 성장을 이루어내기 위한 활동으로 '제품의 유용성이 사용자들에게 제대로 받아들여지는 순간'인 '아하!' 순간을 만들어내는 활동과 이러한 '아하!' 순간을 창출하는 성장 지렛대에 기반하여 급격한 성장을 이루어내는 성장 전략 해킹 활동으로 구성됩니다. 앞에서 성장 촉진 프레임워크에서 제시한 마케팅 요소인 가치와 콘셉트가 '아하!' 순간에 해당하고 운영요소인 경쟁 우위 요소와 핵심요건이 '성장 전략 해킹'에 해당합니다.

이러한 그로스 해킹은 애자일 방법론과 린스타트업에서 핵심을 차용한 방법론으로 두 접근법에서 지속적인 개선과 빠른 반복 실행 사이클을 채택해서 고객 기반과 매출 확대에 적용한 방법론입니다. 따라서 그로스 해킹 절차는 분석과 분석에 기반한 아이디어 도출 그리고 우선순위에 따른 실험을 통해 아이디어의 유효성을 검증하는 사이클로 이루어져 있습니다. 여기서의 분석은 객관적인 데이터의 분석을 말합니다. 이 사이클을 통한 빠른 반복 실행으로 '아하!' 순간과 성장 지렛대를 발견해 지속적인 개선을 이루어나갑니다. 이와 관련한 자세한 사항은 션 엘리스와 모건 브라운의 『진화된 마케팅, 그로스 해킹』을 참조하시기 바랍니다.

이상으로 성장을 촉진하는 구조를 만드는 시스템 경영에 대해 말씀드렸습니다. 위에서 제시한 성장 촉진 프레임워크를 참조하면 비교적 손쉽게 우리 회사에 맞는 성장 구조를 만들어 갈 수 있을 것이라 생각합니다. 이러한 성장 구조는 전체 구성원들과의 협업을 통해 함께 만들어 나가야 구성원 각자가 '내가 성장을 위해 어떻게 기여할 수 있는지'에 대해 보다 더 잘 이해하고 몰입할 수 있을 것입니다. 구성원들과 함께 만들고 함께 성장해가는 기업이 되길 바랍니다.

7장

어떻게 시스템 경영으로
디지털 전환할 것인가

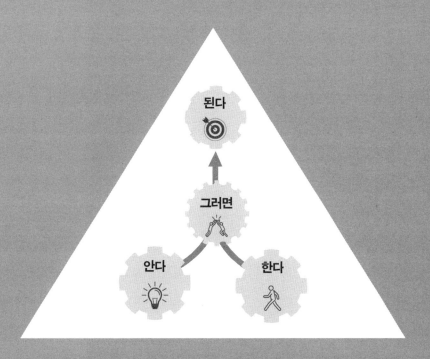

1

디지털 전환 시대에
어떻게 성장할 것인가

경영혁신의 성공과 실패의 차이는 어디에서 오는 걸까요?

이 장에서는 시스템 사고의 인과지도와 빙산모델을 적용하여 디지털 전환 시대에 기업이 생존하고 성장할 수 있는 방안에 대해 말씀드리겠습니다. 현재 디지털 전환이 일반화되어가고 있는 시점입니다. 글로벌기업들을 중심으로 변화된 경영환경에 맞추어 디지털 트랜스포메이션DT, Digital Transformation을 추진해오고 있고, 디지털 전환에 성공한 기업들의 경우 경쟁력을 갖추고 지속적인 성장을 구가해오고 있습니다. 반면에 이에 성공하지 못한 기업들의 경쟁력은 날로 악화되어 가고 있는 실정입니다.

디지털 전환에 성공한 기업과 성공하지 못하는 기업의 차이가

경영혁신의 성공과 실패 구조

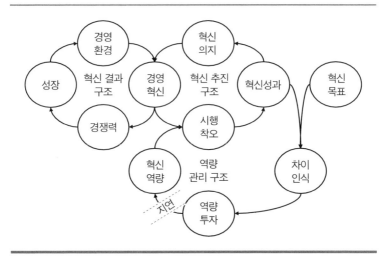

어디에 있을까를 생각해 보았습니다. 가장 큰 차이는 내부에 혁신 역량을 갖추고 있느냐가 관건이라는 생각이 들었습니다. 이를 시스템 사고의 인과지도로 구조화해서 설명하겠습니다.

먼저 그림 좌측의 혁신 결과 구조부터 살펴보면 경영환경이 변화하면 경영혁신을 추진합니다. 경영혁신을 추진하면 경쟁력을 갖출 수 있고 성장으로 연결됩니다. 그것이 다시 경영환경에 영향을 미쳐 경쟁우위의 경영환경에서 지속적인 혁신을 통해 성장해 나갈 수 있는 구조를 갖출 수 있습니다. 이것이 모든 기업이 바라는 혁신의 모습입니다.

이번에는 그림 우측의 혁신 추진 구조를 한번 보겠습니다. 경영

혁신에는 반드시 시행착오라는 과정을 거칩니다. 혁신역량이 갖추어지지 않은 상태에서 시행착오를 거치게 되면 이를 헤쳐나갈 역량을 발휘하지 못해 혁신성과를 만들어낼 수 없습니다. 그러면 혁신의 성과는 당연히 떨어지게 되어 구성원들의 혁신의지가 꺾일 수밖에 없습니다. 그리면 경영혁신을 추진하기 어렵게 될 것이고 이는 우측의 혁신 결과 구조에 영향을 미칩니다. 경영혁신의 실패는 경쟁력 약화로 이어져 성장은 고사하고 쇠퇴의 길로 들어갑니다. 이는 경영환경에 영향을 미쳐 낮은 경쟁우위로 도태될 수밖에 없는 처지로 몰리게 됩니다. 그러면 다시 경영혁신을 할 여력도 남아 있지 않아 경쟁력은 지속적으로 악화되고 결국 망하게 됩니다.

이러한 혁신 결과 구조가 선순환 구조를 만들어 가기 위해서는 혁신 추진 구조가 잘 돌아가야 합니다. 혁신 추진 구조가 잘 돌아가기 위해서는 혁신 역량이 갖추어져야 합니다. 혁신 역량을 갖추기 위해서는 우측 아랫부분에 있는 역량 관리 구조가 정상적으로 작동할 수 있어야 합니다. 그림 아랫부분에 있는 역량 관리 구조를 보겠습니다.

만약에 경영진이 혁신성과를 모니터링하고 혁신목표를 달성하지 못했을 때 이 차이를 파악하고 혁신역량을 강화하는 데 투자를 해서 혁신역량을 끌어올리고 시행착오를 줄일 수 있다면 어떻게 될까요? 그 결과는 그림 우측의 혁신 추진 구조에 영향을 미칩니다. 혁신역량이 갖추어져서 시행착오를 줄이고 혁신성과를 높일 수 있다면 혁신할 수 있다는 자신감으로 혁신의지를 강화할 수 있습니다. 이는 다시 경영혁신을 강력하게 추진할 수 있는 원동력으로 작용할 것입니다. 그러면 다시 그림 좌측의 혁신 결과 구조에 영향을 미칩니다. 이는 경쟁력으로 이어져 성장의 선순환 구조를 만들어냅니다. 즉 경영환경의 변화에 맞추어 경영혁신을 추진하여 성장의 선순환 구조를 만들어가고자 한다면 무엇보다도 먼저 내부에 혁신역량을 갖추는 것이 필수적이라 하겠습니다.

경영진이 이러한 구조를 정확히 인지하고 있을 때 이러한 시도를 해볼 수 있을 것입니다. 이렇듯 시스템 사고를 통해 이러한 구조를 먼저 그려볼 수 있다면 경영진은 일의 우선순위가 내부 혁신역량을 갖추는 것에 있음을 인지하고 그것부터 준비할 수 있을 것입니다.

지금부터는 디지털 전환 시대의 경영환경에 대해 알아보고, 이런 환경에 맞추어 기업체질을 강화하기 위해서는 기업이 어떤 역량을 갖추어야 하는지에 대해 말씀드리겠습니다.

2

뷰카 시대에 어떤
경영전략이 필요한가

디지털 대전환 시대를 대표하는 개념이 뷰카VUCA 환경입니다. 이러한 시대에 성공적인 경영을 하려면 뷰카 환경에 맞는 경영전략을 전개할 수 있어야 합니다. 기업 경영자들의 경우 '뷰카라는 말을 너무 많이 들어서 이 개념에 대해 다 안다.'라는 인식이 있으리라 생각합니다. 하지만 이러한 개념의 의미를 정확히 이해하고 이에 대응할 수 있는 역량을 갖추고 있는지에 대해 살펴보면 전혀 그렇지 못한 것이 현실입니다. 그래서 이번 기회에 다시 한번 정리해 보면서 어떤 경영전략이 필요한지에 대해 생각해보겠습니다.

뷰카VUCA란 변동성Volatility, 불확실성Uncertainty, 복잡성Complexity, 모호성Ambiguity을 말합니다. 변동성이란 변화가 빠르고 다양하게 전개되는 것을 말합니다. 불확실성이란 변수가 많아 미래의 방향성을 예측하기 어려운 상황을 말합니다. 복잡성이란 인과관계가 단순하지 않고 다양한 변수가 작용하는 것을 말합니다. 모호성이란 정보나 상황이 불분명한 것을 말합니다. 즉 불확실하고 복잡하고 모호한 가운데 변화가 빠르고 다양하게 일어나는 환경이라는 것을 의미합니다. 이런 환경의 가장 큰 특징은 한마디로 예측이 불가능하다는 것입니다.

이렇듯 예측이 불가능한 상황에서 장시간에 걸쳐서 예측에 기반한 정교한 계획을 세우고, 계획에 충실한 실행을 하고, 계획과 실행 간에 차이를 검토하여 실행을 계획에 맞추도록 통제하는 방식으로는 성공적인 사업운영을 하기 어려울 것이라 생각합니다.

그렇다면 어떻게 해야 할까요? 다음과 같은 세 가지 역량을 갖추어야 합니다.

첫째는 빠르게 방향을 전환할 수 있는 역량을 갖추어야 합니다. 즉 예측과 다른 결과가 나왔을 때 무엇이 잘못되었는지를 확인하여 빠르게 방향을 전환할 수 있는 역량을 갖추어야 합니다. 복잡하고 불확실하고 변동성이 높은 환경에서는 완벽한 계획이라는 것이 불가능하기 때문에 어느 정도 타당한 아이디어를 빨리 시도한 후 시행착오를 통해 배우고 빠르게 대처할 수 있는 역량을 갖추는 게 필요합니다.

둘째는 새로운 시도를 지속할 수 있는 역량을 갖추어야 합니다. 즉 호기심을 바탕으로 현재에 안주하지 않고 끊임없이 새로운 도전을 할 수 있는 역량을 갖추어야 합니다. 디지털 전환은 현재까지 개발된 모든 지식과 기술과 성과를 연결하고 융합하여 새로운 부가가치를 만들어내는 시내입니다. 따라시 기존 사업을 기존방식으로 열심히 하는 것보다는 다양한 영역에 대한 연결과 융합을 통해 새로운 부가가치를 만들어낼 수 있는 역량을 갖추는 게 필요합니다.

셋째는 내부와 외부와 협업할 수 있는 역량을 갖추어야 합니다. 즉 내부와 외부 이해관계자들과 명확한 목표를 공유하고 상호신뢰를 기반으로 진실된 소통을 함으로써 새로운 가치를 창출할 수 있는 역량을 갖추어야 합니다. 디지털 전환 시대에서는 항상 새로운 가치와 토털 솔루션을 기대합니다. 따라서 모든 역량을 내부역량으로만 해결하려고 하지 말고 외부 역량을 적극적으로 활용하여 새로운 가치와 토털 솔루션을 만들어낼 수 있는 역량을 갖추는 게 절대적으로 필요합니다.

이러한 역량을 갖추고 기업 조직을 지속적으로 뷰카vuca 환경에 맞게 탈바꿈시켜 나가기 위해서는 경영체계 전반을 근본적으로 뒤집지 않으면 안 된다고 생각합니다.

3

어떻게 디지털 전환 시대의
혁신역량을 갖출 것인가

디지털 대전환 시대에 필요한 혁신역량을 갖추기 위해서 어떻게 해야 하는지에 대해 시스템 사고의 빙산 모델Iceberg Model을 가지고 설명하겠습니다.

빙산 모델에서 우리 눈에 보이는 것은 이벤트와 패턴입니다. 이벤트는 직접 우리 눈에 보이는 현상입니다. 그에 대한 분석을 통해 이러한 이벤트가 시간의 흐름에 따라 반복적으로 일어나는 패턴을 인식할 수가 있습니다.

이러한 이벤트가 시간의 흐름에 따라 일정하게 반복되는 패턴이 일어나는 배경에는 우리 눈에 보이지 않는 시스템 구조가 있습니다. 즉 눈에 보이지 않는 시스템 구조가 눈에 보이는 이벤트와 이

시스템 사고의 빙산 모델

이벤트

무슨 일이 일어났는가?
우리 눈에 보이는 것은 우리 주변에서 일어나는 사건이다.
이러한 사건을 통해 우리는 우리가 어떤 상황인지 인식하게 된다.

패턴·트렌드

그 사건이 시간의 흐름에 따라 어떤 패턴을 나타내는가?
이슈가 되는 사건은 한 번 일어나고 끝나는 것이 아니라 시간의 흐름에 따라 일정한 패턴을 가지고 반복적으로 일어난다.
이러한 패턴을 분석하여 향후의 일을 예측할 수 있게 된다.

시스템 구조

그러한 사건이 반복적으로 일어나게 만드는 구조는 어떤 것인가?
어떤 사건이 일정한 패턴을 가지고 반복적으로 일어나는 이면에는 그러한 사건이 반복적으로 일어나게 만드는 구조가 있다.
그러한 구조를 파악하고 바꿈으로써 우리가 원하는 결과를 얻을 수 있다.

멘탈 모델

그러한 구조는 왜 만들어지는가?
어떤 구조가 그러한 구조로 만들어지게 된 데에는 그러한 구조로 만드는 멘탈 모델(패러다임, 가치관 등)이 있기 때문이다.
그러한 멘탈 모델을 인식하고 바꿈으로써 우리가 원하는 구조를 만들 수 있다.

벤트의 반복에 따른 패턴을 만들어내는 것입니다. 그리고 시스템 구조는 그 시스템 구조를 만드는 멘탈 모델에 의해 그러한 구조로 만들어집니다.

여기서 멘탈 모델은 패러다임이라고 볼 수 있습니다. 토마스 쿤이 저서 『과학혁명의 구조』에서 정의한 바에 따르면 패러다임은 정신과 삶을 구속하는 가치 체계로서 인간의 의사결정과 활동을 구속한다고 합니다. 그러한 측면에서 보았을 때 기업의 활동은 이러한 기업의 멘탈 모델에 종속될 수밖에 없습니다. 따라서 어떤 회사에 문제가 많이 발생한다면 그것은 근본적으로 그 회사의 멘탈 모델에 문제가 있다는 것을 의미한다고 할 수 있습니다.

그래서 우리 기업이 기존 경영환경에 의해 만들어진 기존의 멘탈 모델에서 벗어나지 못한다면 의사결정과 활동은 기존의 업무 관행에 따를 수밖에 없을 것입니다. 결국 새로운 경영환경에 적응하지 못한 채 기존의 경영패러다임과 함께 역사 속으로 사라질 수밖에 없을 것입니다.

반면에 기업이 가진 기존의 멘탈 모델이 어떻게 새로운 경영환경과 부딪히는지를 인식하고 이에서 벗어나 새로운 경영환경에 적합한 새로운 멘탈 모델을 정립하게 되면 기존에 유지되던 시스템 구조가 바뀌게 됩니다. 그 결과 새로운 경영환경에 적합한 기업으로 거듭날 수 있을 것입니다.

지금부터 우리 기업의 기존 경영 관련 멘탈 모델이 어떤 것이고 그러한 멘탈 모델에 따른 경영행태가 어떤 모습인지를 살펴보고 시스템 사고의 관점에서 디지털 대전환 시대에 요구되는 역량을 갖추기 위해서는 어떻게 해야 하는지에 대해 알아보겠습니다.

우리 기업들은 지금까지 예측에 기반한 계획-실행-통제 구조의 경영을 해왔습니다. 장기간에 걸친 정교한 계획을 수립한 후 계획에 충실한 실행을 하고 그 결과를 주기적으로 분석해 계획과 실행에 차이가 발생할 경우 다시 계획에 부합하게 실행을 통제하는 방식으로 경영을 했습니다.

그런 측면에서 보았을 때 가장 중요한 것은 정확한 예측에 기반한 성교한 계획수립입니다. 계획수립이 잘못되면 실행도 잘못된 것이고, 그러면 원하는 결과를 얻을 수 없게 됩니다. 그래서 더욱 계획수립을 잘하기 위해 정확한 예측에 많은 시간과 에너지를 쏟는 것입니다. 즉 꼼꼼한 시장 조사를 한 후 투자효과를 예측하고, 정교한 전략·계획을 수립하고, 보고서를 논리적으로 작성하여 상사에게 승인받고, 예산과 인력을 할당받아 업무를 추진합니다. 만약에 투자효과를 예측할 수 없으면 다음단계로 넘어갈 수가 없습니다.

이러한 경영방식으로는 예측이 불가능한 뷰카 환경에서 살아남기가 어려울 것입니다. 계획-실행-통제 방식의 경영에서는 통제에 용이한 수직적 조직구조, 통제 리더십, 그리고 톱다운 접근법이 자연스럽습니다. 이러한 경영방식은 미래를 예측할 수 있었던 시대에는 아주 효율적인 경영 방식이었습니다. 톱다운으로 목표를 정해놓고 아래로 할당한 다음 경쟁적으로 목표를 달성하도록 몰아붙이면 되었기 때문에 이보다 더 효율성이 높은 경영 방식은 없었습니다. 그런데 지금과 같은 뷰카 환경에도 적합한 방식일까요?

이러한 경영 방식의 밑바탕에는 사람을 보는 관점과 일을 처리하는 관점에 대한 멘탈 모델이 작동하고 있습니다. 앞에서 설명했듯이, 사람을 보는 관점으로는 X이론 관점과 Y이론 관점이 있고, 일을 처리하는 관점으로는 논리적 사고와 시스템 사고가 있습니다.

이제는 사람을 보는 관점과 일을 처리하는 관점의 멘탈 모델을 통해 경영체계가 어떻게 만들어지는지에 대해 살펴보고 뷰카 환경에 적합한 멘탈 모델과 경영체계는 무엇이어야 하는지에 대해 말씀드리겠습니다. 먼저 X이론과 논리적 사고의 멘탈 모델을 가지고 경영을 할 경우 어떤 경영체계가 만들어지고 그 결과 뷰카 환경에 대응해나가는 모습은 어떠할지에 대해 인과지도를 그려서 설명하겠습니다.

멘탈 모델을 X이론과 논리적 사고에 기반하여 경영을 하는 경우, 통제 리더십에 기반하여 경영을 한다고 볼 수 있습니다. 그 결과 어떠한 구조가 만들어지는지 설명하겠습니다. X이론의 마인드를 가지고 있는 경영자는 사람은 천성적으로 게으르다고 생각하기 때문에 경영자가 원하는 방향으로 행동하도록 하기 위해서는 직접적인 지시와 같은 방식이든 당근과 채찍과 같은 간접적인 방식이든 구성원들을 일정한 방향으로 움직이도록 통제하는 게 필요하다고 생각합니다. 이를 통제 리더십이라고 정의하겠습니다.

여기에 논리적 사고가 결합하게 되면 통제에 용이한 수직적인

통제 리더십에 기반한 톱다운 접근법 운영 구조

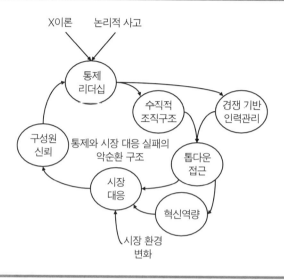

피라미드 구조로 조직구조를 설계하게 됩니다. 즉 경영이라는 문제를 사업부서와 지원부서로 분할하고, 다시 사업부서는 사업 아이템별로 분할하고, 지원부서는 역할에 따라 인사부서, 재무부서, 구매부서 등으로 분할하게 됩니다. 이러한 계층구조를 통해 경영이라는 업무를 기능별로 분할하여 위계 구조를 구성하는 방법으로 조직을 설계합니다. 그리고 상위자가 하위자를 지휘 감독하는 개념으로 업무를 수행합니다. 그렇게 함으로써 최상층부터 최하층까지의 위계 구조를 통해 효율적으로 구성원들을 관리할 수 있다고 생각합니다. 이것 또한 통제 리더십의 모습으로 볼 수 있습니다.

이러한 마인드와 조직구조하에서 효율적으로 인력을 관리하기 위해서는 각 조직 단위별로 핵심성과지표KPI를 설정하고 이를 달성하면 당근을 주고, 달성하지 못하면 채찍을 휘두르는 방식으로 성과관리를 하게 됩니다. 여기에 상대평가를 통한 성과에 의한 차등 보상이 가미가 되면 각 부서 또는 각 개인은 다른 부서나 다른 사람보다 자기가 더 잘해야 당근을 얻을 수 있기 때문에 필연적으로 경쟁체제가 될 수밖에 없습니다. 이것은 경영자 입장에서는 아주 편리한 조직관리 방식이 될 수 있으나 회사 차원에서는 재앙이 될 수 있습니다(이것은 뒤에서 사례로 제시하는 마이크로소프트 사례를 보면 명확하게 알 수 있습니다).

이러한 경영자 편의적인 조직관리하에서의 구성원들은 고객 관점보다는 내부 관점에서 조직 상사의 눈치만을 보며 위에서 시키는 일만 하고 스스로 알아서 무엇을 하기를 두려워합니다. 그리고 당근과 채찍의 구조에서는 평가도 상대평가가 뒤따르기 때문에 남의 불행이 나의 행복인 경우가 많아 서로 도우려는 의지보다는 내 것만을 챙기거나 눈에 띄지 않게 남들의 일을 방해하는 행태를 보이기도 합니다.

거기에다가 각 부서 또는 개인에게 할당된 핵심성과지표가 대부분 톱다운으로 분해해가면서 논리적으로 구성되어 있기 때문에 앞에서 말씀드렸듯이 부분 최적화의 개념으로 귀결될 수밖에 없습니다. 즉 핵심성과지표를 열심히 달성할수록 부분적으로는 성과를 낼 수 있지만 전체적으로는 오히려 부담으로 작용하거나 심지어는 전체의 이익을 저해하는 방향으로 귀결될 수가 있다는 것입니다. 핵심성과지표 간 충돌이 발생하는 등의 이유로 일부의 핵심성과지표는 달성할 수 있을지 모르지만 회사 전체적으로는 목표를 달성하지 못하는 경우가 비일비재합니다.

예를 들면 해운업을 하는 경우 어느 항구에 들어갈지 말지에 대한 의사결정이 필요한 경우가 있습니다. 그 항구에서 실어야 할 물량이 많지 않으면 그 항구에 접안하여 하역하는 시간과 비용이 물량을 통해 얻는 이익보다 더 클 경우가 있습니다. 그렇다면 어떻게 해야 할까요? 영업입장에서는 한 건이라도 물량을 더 실어야 매출 핵심성과지표를 달성할 수 있기 때문에 손해를 보더라도 항구에 접안해야 한다고 주장할 것이고, 운송입장에서는 운송관련 비용(접안비, 연료비, 하역비 등)을 줄여야 비용 핵심성과지표를 달성할 수 있기 때문에 손해를 보면서까지 항구에 접안하는 것에 대해 반대할 것입니다. 이렇게 부서 간 핵심성과지표가 충돌할 경우가 발생하는데, 그때마다 서로 이해관계가 다르기 때문에 자신의 부서 입장에서 주장할 수밖에 없을 것입니다.

이러한 체제하에서 일이 되게 하기 위해서는 톱다운 접근을 할 수밖에 없습니다. 톱다운 접근법은 계획-실행-통제의 구조를 가지고 진행됩니다. 장기간에 걸친 정교한 계획을 수립한 후 계획에 충실한 실행을 하고 실행 결과를 주기적으로 분석하여 계획과 실행에 차이가 발생할 경우 다시 계획에 맞게 실행을 조정하는 방식으로 경영을 합니다. 계획수립이 잘못되면 실행도 잘못될 것이고 그러면 원하는 결과를 얻을 수 없게 됩니다. 그래서 계획수립을 잘하기 위해 더욱 많은 시간을 쏟아야 합니다. 더욱 꼼꼼하게 시장조사를 하고 투자 효과를 잘 산출해서 보고서를 잘 구성한 다음 상사에게 승인받고 예산과 인력을 할당받아 업무를 추진합니다.

문제는 뷰카 환경에는 이렇게 할 시간적인 여유가 없다는 것입니다. 시장이 시시각각으로 변화하는데 누가 어떻게 미래를 예측해서 정확한 계획을 세울 수가 있겠습니까? 어떤 회사에 디지털 전환 추진팀이 있었습니다. 그 팀에서 신기술 도입에 대한 아이디어를 내서 내년도에 시행해보려고 하는데 투자분석이 발목을 잡았습니다. 검증되지 않은 신기술이라 투자 효과를 도출하기가 어려웠기 때문입니다. 투자 효과가 명확하지 않으면 누구도 실행에 대한 의사결정을 내리기가 어렵습니다. 그래서 그 아이디어는 사장될 위기에 처했다고 합니다. 이것이 톱다운 접근법의 한계입니다. 뷰카 환경에 살아남기 어려운 업무추진 방식이라고 할 수 있습니다.

이렇듯이 수직적 조직구조와 경쟁기반 인력관리의 구조하에서는 톱다운 방식으로 일할 수밖에 없으며 이런 상황에서 내부 혁신

역량 또한 쌓기가 어려울 것이라 생각합니다. 뷰카 환경에 적합한 역량이 세 가지입니다. 첫째는 빠르게 방향을 전환할 수 있는 역량입니다. 둘째는 새로운 시도를 지속할 수 있는 역량입니다. 셋째는 내부 및 외부와 협업할 수 있는 역량입니다. 톱다운 접근법으로 이러한 역량이 쌓이기를 기대할 수 있을까요?

이러한 체제로 외부 시장 환경이 급격하게 변화하는 현실에서 시장의 변화에 적시에 적절하게 대응할 수 있을까요? 현장을 제대로 이해하지 못하는 경영진에 의해 수시로 변하는 시장 상황에 적합한 아이디어나 의사결정이 시기적절하게 이루어지기를 기대할 수 있을까요? 현업에서 아이디어가 나와도 이에 대해 투자효과를 분석하고 시장 상황이 급변하는 상황에서 정확한 투자 효과를 산출하기도 어려운데 경영진이 투자의사결정을 할 수 있을까요? 그렇게 우물쭈물하다가 시기도 놓치고 할 수 있는 것도 없어서 성과가 떨어지면 그것은 결국 누구의 탓으로 돌릴까요?

아마도 경영자들은 구성원들이 제대로 일을 하지 못해서 현재 상황이 어려워졌다고 생각할 것입니다. 이것은 구성원들에 대한 불신으로 이어지게 됩니다. 즉 문제는 경영구조를 설계하고 운영하는 경영진에게 있는데 결과에 대한 책임은 경영진의 지시에 따라 열심히 일한 구성원들이 지는 결과로 귀결되는 것입니다.

구성원에 대한 불신은 또 다시 경영진의 통제 리더십으로 이어

지원 리더십에 기반한 애자일 접근법 운영 구조

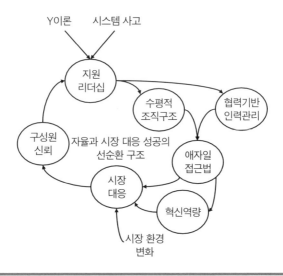

지는 악순환 구조에 빠질 수밖에 없을 것입니다. 이러한 악순환 구조하에 있는 기업이 뷰카 환경에 적응해서 살아남을 수 있을지 의문입니다.

그렇다면 어떻게 해야 할까요?

멘탈 모델부터 정반대로 뒤집어야 합니다.

사람에 대한 관점을 X이론에서 Y이론으로 전환하고 일을 처리하는 관점을 논리적 사고에서 시스템 사고로 전환해야 합니다. 그 결과 어떠한 구조가 만들어지는지 검토해 보겠습니다.

Y이론의 인식을 가진 경영자는 '사람은 역할과 책임이 주어지면

그 책임을 다하기 위해 자발적으로 노력하는 존재'라는 인식이 있기 때문에 사람을 통제하고 지시에 의존하기보다는 사람이 자발적으로 일할 수 있도록 환경을 갖추어주는 방향으로 리더십을 발휘하게 됩니다. 이것을 지원 리더십이라 정의하겠습니다.

그리고 시스템 사고를 하는 경영자는 시스템 이론에 입각해서 조직을 설계할 수 있습니다. 시스템 이론은 시스템 구성원들 간에 상호협력하여 시스템의 목적을 달성해 나간다는 개념입니다. 시스템 이론에 입각해서 조직을 설계해 나간다면 비전과 미션과 같은 공통의 목적을 설정하고 달성할 수 있도록 각 구성원에게 역할과 책임을 부여하고 그에 따라 상호협력관계를 통해 공통의 목적을 달성하도록 설계합니다. 그리고 경영자는 최상위 역할과 책임을 맡은 자로서 각 구성원이 자기 역할과 책임을 다하도록 지원하는 역할을 수행합니다. 이것이 바로 지원 리더십의 모습입니다.

지원 리더십 아래에서의 조직구조는 조직별 역할과 책임에 따라 서로 협력하여 전체 조직의 문제를 해결해 나가는 수평적인 네트워크 구조로 설계할 수 있습니다. 상하의 개념이 아니라 역할과 책임의 범위에 따라 수평적으로 협력해 나가는 구조가 되는 것입니다.

그리고 이러한 조직구조에서의 인력관리는 서로 협력해 나가지 않으면 회사 전체의 목적을 달성할 수 없다는 사실을 인식하고 있기 때문에 서로 경쟁하게 하는 것이 아니라 서로 협력하게 하는 인

기업의 성과창출 구조

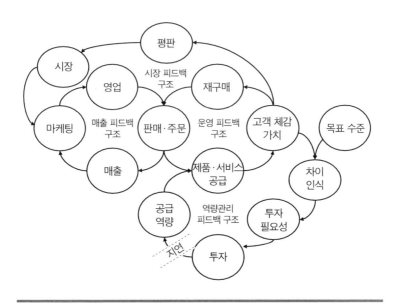

력관리를 추구합니다. 협력 기반의 인력관리가 이뤄지기 위해서는 성과 또한 나의 성과가 중요한 것이 아니라 조직 전체의 성과가 중요한 것이 되어야 합니다. 그래서 조직 전체의 성과를 내기 위하여 개인 또는 조직 간에 협력하는 구조를 만들어가야 합니다.

이러한 것이 가능하려면 두 가지 요건이 전제되어야 합니다.

첫째는 전 구성원이 시스템 사고를 통해 우리 회사가 어떤 구조로 사업이 이뤄지고 전체적으로 어떤 성과를 지속적으로 내야 하는지에 대해 공감대가 형성되어야 합니다. 그리고 그러한 성과를 내기 위해 내가 해야 할 일은 무엇인지, 즉 나의 역할과 책임이 무엇인지에 대해 이해하고 실행할 수 있어야 합니다. 이것이 명확해야 스스로 일을 할 수 있게 되는 것입니다.

시스템 사고를 통해 우리 회사가 성과를 내는 구조를 그리려면 앞의 그림과 같은 기업이 성과를 창출하는 기본적인 구조를 참조하여 자기 회사에 맞게 그려보면 됩니다. 대부분의 기업은 위의 그림과 같은 네 가지 기본적인 구조를 갖추고 있습니다. 그러한 구조가 잘 가동되는지에 따라 그 기업의 지속적인 성장 여부가 결정됩니다.

그림 좌측에 있는 매출 피드백 구조는 매출을 창출하는 구조이고, 그림 우측에 있는 운영 피드백 구조는 매출 피드백 구조에서 들어오는 주문을 공급하는 구조입니다. 그리고 이러한 공급이 원활하게 이뤄지기 위해서는 역량이 뒷받침되어야 합니다. 그래서 그림 하단과 같은 역량관리 피드백 구조가 필요합니다. 마지막으로 고객이 느끼는 가치에 따라 시장에서의 평판이 결정되므로 그림 상단과 같은 시장 피드백 구조 또한 갖추고 있어야 시장에 적절히 대응하며 성장할 수가 있습니다. 기본적인 구조는 이렇게 네 가지 피드백 구조로 구성하고 구체적인 내용은 기업의 상황에 따라 구체화해 나가면 될 것입니다.

이렇게 시스템 사고를 통해 우리 조직에 맞는 성과창출 구조를 그려볼 수 있습니다. 그렇게 함으로써 누가 어떤 역할과 책임을 맡아서 어떻게 일을 처리해줘야 전체 구조가 잘 돌아갈 것인지에 대해 구성원 간에 논의할 수 있고 역할과 책임을 명확하게 정의할 수 있을 것입니다. 문제가 발생할 경우에도 어디에서 무엇을 해줘야 해결이 가능할지에 대해서 논의해서 해결해 나갈 수 있을 것입니다.

둘째는 구성원들에 대한 동기부여가 외적 보상을 통해 이뤄지는 것이 아니라 내적 보상을 통해 이뤄질 수 있도록 설계되어야 한다는 것입니다. 즉 성과평가에 따른 보상으로 인센티브와 같은 외적 보상에 의해 일을 하게 하는 것이 아니라 일 자체에서 보람을 느끼고 일에 몰입할 수 있도록 시스템을 만들어주어야 한다는 것입니다. 핵심은 피드백을 통해 내가 일을 어떻게 했고 그 결과 우리 조직의 성과를 창출하는 데 어떻게 도움이 되고 있는지를 알게 하는 것입니다.

그런데 구성원들이 내적 보상에 따라 업무에 집중하게 하기 위해서는 세 가지 전제조건이 있습니다. 첫째는 사람들은 기본적인 생계를 충족시켜 줄 수 있는 수준의 급여를 받아야 외적 보상의 유혹에서 벗어날 수 있습니다. 먹고 사는 것을 걱정하는 수준이면 당연히 외적 보상이 큰 매력으로 다가옵니다. 따라서 적정 수준의 급여가 보장되지 않는다면 업무에 전적으로 몰입하게 할 수는 없습니다. 넷플릭스 같은 경우 급여 자체를 업계 최고 수준으로 보장해

줌으로써 외적 보상의 유혹에서 벗어나게 했습니다.

둘째는 구성원들의 노력의 결과가 자신들에게도 돌아온다는 것을 알게 해주어야 합니다. 자신은 열심히 일했는데 그 결실이 본인에게 돌아오지 않는다고 생각한다면 공정성에 대한 의문이 들 수밖에 없습니다. 그래서 성과가 났을 때 이에 대한 이윤공유제도를 통해 성과를 공유하는 것이 필요합니다. 요즘 많은 기업에서 이러한 시도를 하고 있습니다. 문제는 이윤공유제도를 개인별 성과 차등에 따라 보상함으로써 경쟁 구조로 만들어버리는 게 좀 안타깝습니다. 그것은 아마도 X이론에 입각해서 동기부여를 하고자 하는 경영진의 한계라고 생각합니다.

셋째는 구성원들이 일에 몰입하게 하기 위해서 가장 필요한 것은 두려움을 없애주는 것입니다. 특히 평가를 통해 보상을 하는 풍토에서는 평가자에 대한 두려움이 크기 때문에 구성원들이 상사의 눈치만 살피게 되고 소신껏 자기주도적으로 일을 처리해 나가기가 사실상 어렵다는 것을 많이 느꼈습니다.

일례로 노동조합에서 일하는 모습을 보면서 느낀 점을 말씀드리겠습니다. 노동조합에서 일하게 되면 근로시간 면제자가 되기 때문에 상사에 의한 평가가 없고 평가에 따른 차등 보상도 없습니다. 무조건 일정수준의 평가 점수를 받고 그에 상응하는 보상을 받습니다. 그렇게 구성원들이 평가를 받지 않기 때문에 평가자에 대한 두려움 없이 누구 앞에서라도 당당하게 자기의 생각을 있는 그대로 솔직하게 말하는 것을 볼 수 있었습니다. 그래서 상하 간에 상호 존중이 이뤄지고 그런 상황에서 각자 자기주도적으로 그리고 전체에 도움이 되는 것이 무엇인지를 숙고해 가면서 업무를 수행하는 모습을 볼 수가 있었습니다.

앞에서 말씀드린 두 가지 조건, 즉 시스템 사고를 통해 우리 회사의 성과 창출 구조를 그려보고 여기에서 내가 해야 할 역할과 책임이 무엇인지를 알게 해주는 것과 외적 보상이 아닌 내적 보상에 따라 업무에 몰입할 수 있는 환경을 갖추어주면 구성원들은 스스로 우리 조직의 성과를 내기 위해 몰입할 수 있습니다. 즉 우리 조직의 성과 창출 구조를 알게 해주고 그러한 구조하에서 내게 맡겨진 미션과 역할과 책임이 무엇인지를 알게 해준다면 그 미션을 달성하기 위해 역할과 책임을 다할 준비가 되어 있다는 것입니다. 위와 같은 조건이 갖추어졌을 때 기업은 비로소 애자일Agile 전략을 추진할 수 있습니다. 예측할 수 없는 뷰카 환경에서 살아남을 수 있는 전략은 애자일 전략입니다.

비즈니스 혁신의 70~90%는 실패한다고 합니다. 왜 실패할까요? 계획과 현실이 어긋났기 때문입니다. 뷰카 환경에서는 이것을 당연하다고 받아들여야 합니다. 여기에서 우리가 얻어야 할 교훈은 무엇일까요? 그 교훈은 성공하려면 실패에 적응할 수 있는 구조를 만들어야 한다는 것입니다.

애자일 전략은 기업을 실행 중심의 민첩한 조직으로 만들려는 노력입니다. 실패를 두려워하기보다는 일단 실행하고Do, 빨리 실패해보고Fail fast, 무엇을 어떻게 고쳐야 할지를 배우고Learn, 다시 시도함Redo으로써 경쟁사에 앞선 혁신을 만들어내는 것입니다.

애자일 방식은 예측하고 명령하고 통제하는 전통적인 접근방식과는 다릅니다. 전통적인 접근방식은 완벽한 계획 안에서 요구 조건을 다 달성하고 나면 빅뱅과 같은 성과가 나오리라 기대합니다. 하지만 애자일 방식은 가장 가치 있는 것, 즉 고객이 원하는 것으로부터 출발해서 끊임없이 새로운 프로토타입을 출시하고 테스트하고 학습하고 적응합니다. 이로써 상품을 빠르게 출시하고 팀 생산성을 높임으로써 혁신의 성공율을 높이는 것입니다.

이렇게 하기 위해서 애자일 조직은 현장 중심의 의사결정을 통해 기민하고 민첩하게 업무 처리가 가능하도록 해주어야 합니다. 이것이 가능해지려면 현장에 최대한 권한위임을 해주어 스스로 판단해서 사업추진이 가능하도록 보장해줘야 합니다. 또한 현장의 목소리에 힘이 실릴 수 있도록 권위적인 분위기를 벗어나 누구나 자유롭게 자신의 생각과 의견을 개진할 수 있도록 해주어야 합니다. 즉 의사결정권만 현장에 주는 것을 넘어 수평적으로 의견을 적극적으로 개진하고 생각을 나눌 수 있는 구조가 되어야 진정한 애자일 조직체계가 마련되는 것입니다.

이러한 조직이 운영될 수 있게 하기 위해서는 자기주도적으로 일 처리를 해나갈 수 있는 역량을 가진 구성원들이 필요합니다. 이러한 구성원들은 위에서도 얘기했듯이 Y이론에 입각해서 사람을 보는 경영자와 시스템 사고를 통해 우리 조직의 성과 창출 구조를 이해하고 그 구조하에서 어떻게 하면 우리 조직을 성장하게 만들 수 있는지에 대해 구성원 모두가 이해하고 몰입하는 조직풍토에서 나올 수 있습니다.

이렇게 애자일 조직체계하에서 구성원들이 일을 할 수 있으면 앞에서 말씀드린 뷰카 환경에 필요한 혁신역량, 즉 빠르게 방향을 전환할 수 있는 역량, 새로운 시도를 지속할 수 있는 역량, 내부 및 외부와 협업할 수 있는 역량이 조직 내부에 쌓일 수 있습니다.

이러한 혁신역량과 애자일 접근법을 통해 조직은 시시각각으로 변화하는 뷰카 환경의 시장환경 변화에 시의적절하게 대응할 수가 있습니다. 그러면 다시 경영진의 구성원에 대한 신뢰가 높아지고 이는 지원 리더십을 강화시킴으로써 지속적으로 성장하는 선순환 구조를 만들어갈 수 있습니다.

4

마이크로소프트는 어떻게
평가제도를 바꿔 부활했는가

지금까지 말씀드린 근본적인 변화를 통해 극적인 성장을 이루어 낸 사례가 있습니다. 바로 마이크로소프트입니다. 기존의 마이크로소프트는 X이론과 논리적 사고에 기반한 시스템을 만들어 조직을 운영하고 있었습니다.

X이론과 논리적 사고를 결합한 결과로 나타난 것이 '스택랭킹 stack ranking'이라는 평가시스템입니다. GE의 잭 웰치가 1980년대 고안한 시스템인데 직원들을 정해진 비율에 따라 '최고' '양호' '평균' '빈약' 등급으로 줄세우고 고성과자에게는 포상을 주고 저성과자는 해고하는 방식입니다. 고성과자에게 주는 포상은 X이론에서 말하는 인센티브와 당근을 의미하고 저성과자를 해고하는 것은 채

찍과 일치합니다. X이론에서는 이렇게 사람을 다룰 때 채찍과 당근을 씁니다. 또 상대평가는 직원들의 성과를 여러 등급으로 나누어 강제 배분하기 때문에 직원들이 나쁜 등급을 받지 않기 위해 긴장을 늦추지 않게 하는 효과가 있습니다. 강제 요소가 없으면 사람은 적극적으로 일하려 하지 않는다는 멘탈모델에 기반한 논리입니다. 전형적인 X이론에 기반했다고 할 수 있지 않을까요?

스택랭킹의 상대평가 방식은 논리적 사고와 단선적 사고에 기반한 것입니다. 모든 인사고과와 인사평가는 누가 좋은 성과를 만들어냈느냐를 평가하는 것이라는 전제가 있습니다. 또 모든 직원의 능력은 상대적이고 그 능력을 순위 매길 수 있습니다. 그러므로 좋은 성과를 판단하는 것도 상대적이라는 결론에 다다르는 것입니다. 지극히 논리적이라고 할 수 있습니다. 특히 고성과자는 그만큼 잘했으니까 더 많은 포상을 받고 저성과자는 못 했으니까 해고당하는 것은 논리적 판단하에서는 당연한 귀결이라고 할 수도 있습니다. 직원들이 더 나은 성과를 위해 서로가 경쟁하면 조직 전체가 더 나은 방향으로 발전할 수 있다는 생각도 단순한 논리로만 판단한 결과입니다.

그런데 이러한 평가 제도를 사용하던 마이크로소프트는 어떻게 되었을까요? 당시 마이크로소프트에는 부정적인 사내정치와 관료주의적인 조직문화가 만연했습니다. 논리적으로는 맞아 보이지만

마이크로소프트의 내부조직 문화를 꼬집은 삽화

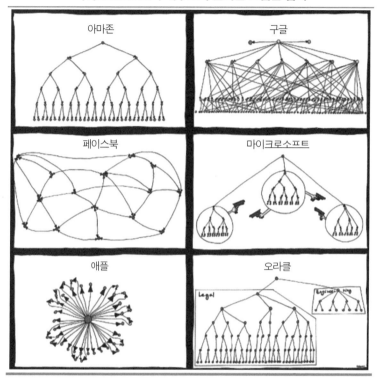

실제 결과로 나타난 것은 딴판인 것입니다. 자세히 들여다보니까 직원들이 자신의 등급이 떨어질까 우려해 뛰어난 엔지니어일수록 공동 작업을 기피하게 되었습니다. 한 전직 마이크로소프트 엔지니어는 "내가 이 회사에서 배운 것은 동료들이 내 등급을 앞지르지 못할 정도의 정보만 제공하면서도 아무것도 숨기는 것 없는 것처럼 예의 바르게 보이는 방법이었다."라고 고백했습니다. 또 2012년

미국 월간지 「배니티 페어」는 이런 마이크로소프트의 문화를 비판했는데 '재능 있는 젊은 직원들은 나태한 관료주의 직원으로 변해 갔고 직원들은 일을 잘해서가 아니라 동료가 실패했기 때문에 보상을 받았다'고 분석했습니다. 이는 시스템 전체보다는 개인을 우선시하며 서로에게 총을 겨누는 내부경쟁을 부추기는 부분최적화이기도 합니다. 구성원 서로 간의 불신은 안 좋은 성과로 이어졌기 때문에 또다시 경영진의 통제 리더십으로 이어지는 악순환 구조에 빠졌습니다.

샤티아 나델라는 2014년 CEO로 취임하면서 X이론과 논리적 사고에 기반한 시스템을 싹 뜯어고치고 Y이론과 시스템 사고에 기반한 시스템을 만들었습니다. 상대평가의 스택랭킹을 폐지하고 절대평가로 바꾼 것입니다. 평가에 따른 보상도 관리자에게 맡겼습니다. 팀원이 모두 뛰어났다면 보상을 똑같이 분배할 수 있습니다. 평가의 중요 요소에 '동료와의 관계'도 포함시켰습니다. 직원들은 자신의 성과를 얘기할 때 '팀원의 의견과 아이디어를 어떻게 활용했는지' '동료의 업무에 어떤 기여를 했는지'를 말해야 했습니다. 협업을 독려하기 위해 2014년부터 매년 해커톤도 열고 있습니다.

이는 통제 리더십이 아니라 지원 리더십을 강화해 주는 방식입니다. 동기부여가 외적 보상을 통해 이뤄지는 것이 아니라 내적 보상을 통해 이뤄질 수 있도록 설계하는 것입니다. 구성원들이 일에 몰입하게 하기 위해서 가장 필요한 것은 두려움을 없애주는 것인데, 특히 평가를 통해 보상을 하는 스택랭킹에서는 평가자에 대한 두려움이 컸습니다. 그런데 샤티아 나델라가 도입한 절대평가 시스템에서는 구성원들이 상사의 눈치만 살피지 않고 소신껏 자기주노적으로 일을 처리해 니기기가 상대저으로 많이 쉬워졌습니다.

또 샤티아 나델라는 두 가지를 했습니다. 회의에 낭비되는 시간을 제거하기 위해서 꼭 필요하지 않은 회의를 다 없애버렸습니다. 그리고 회의를 위한 사전 회의도 절대 하지 말라고 지시했습니다. 꼭 필요하지 않은 회의를 진행하는 게 톱다운 방식의 관료주의적인 문화라고 본 것입니다. 이러한 방식은 논리적 사고가 아니라, 시스템 전체를 각 요소로 보는 관점입니다. 그리고 이러한 방식은 각 요소 간의 관계에서 어떤 요소의 행동이 다른 요소에 어떤 영향을 미치는지를 파악하여 해결함으로써 인과관계 전체 구조의 문제를 해결하는 관점을 도입함으로써 만들어진 결과입니다.

결과적으로 샤피아 나델라는 기존의 X이론과 논리적 사고로 이뤄져 있던 멘탈모델을 Y이론과 시스템 사고로 이뤄진 멘탈모델로 교체함으로써 많은 변화를 불러일으켰습니다. 통제 리더십이 아닌 지원 리더십을 통해 수평적 조직 구조를 실현하고 그럼으로써 뷰카 환경에 빠르게 대응할 수 있는 애자일 접근법을 도입했습니다. 이는 계획을 수립한 뒤 계획을 정밀하게 실현하려고 하는 관료주의적이고 톱다운 방식의 기존 마이크로소프트와는 다른 모습입니다. 그래서 이러한 점을 잘 반영하듯, IT시장에서 내리막길만 남은 것 같았던 마이크로소프트는 완벽하게 부활했습니다. 마이크로소프트의 부활은 시스템 사고를 도입한 사티아 나델라로부터 시작되었다고 할 수 있습니다. 취임 후 5년간 주가는 265% 상승했고 2018년 말 기점으로 미국 시가총액 1위에 복귀했습니다.

뷰카 환경에서 톱다운 접근법은 통제 리더십에 의한 시장 대응의 실패로 나타납니다. 그 이면에는 통제 리더십에 의한 수직적 조직구조와 톱다운 방식으로 인한 경직된 조직문화에 따라 내부 혁신역량이 마련되지 못하고 계획-실행-통제의 업무방식에 따라 시장 변화에 발빠르게 대응하지 못하는 구조적인 한계가 존재하고 있습니다. 이러한 구조가 만들어진 밑바탕에는 사람을 통제의 대상으로 보는 X이론과 전체를 분해해서 보는 논리적 사고가 이러한 구조를 만들어내고 있었습니다. 즉 이러한 멘탈 모델이 통제 구조를 만들고 이러한 통제 구조가 시장 대응에 실패하는 결과로 나타나고 있는 것입니다.

반면에 애자일 접근법은 지원 리더십에 의한 시장 대응의 성공으로 나타납니다. 그 이면에는 지원 리더십에 의한 수평적 조직구조와 애자일 접근법으로 인한 유연한 조직문화에 따라 자기주도적인 활동으로 내부 혁신역량이 쌓이고 시장 반응에 따라 유연하게 개선해나가는 체계를 통해 시장 변화에 발빠르게 대응할 수 있는 구조가 존재하고 있습니다. 이러한 구조가 만들어진 밑바탕에는 사람에 대한 신뢰를 바탕으로 자율적으로 행동할 수 있도록 지원하는 Y이론의 관점과 전체를 인과관계로 연결된 순환구조로 보는 시스템 사고가 있습니다. 이러한 사고가 서로 협력할 수 있는 구조를 만들고 이러한 협력구조가 시장 대응에 성공하도록 하는 결과로 나타나고 있는 것입니다.

지금까지 디지털 전환 시대에 우리 기업들이 어떻게 생존하고 성장할 수 있을지에 대해 시스템 사고 관점에서 정리해 보았습니다. 이 내용을 통해 각 기업이 디지털 전환 시대에 적합한 체질로 전환해서 성장의 선순환 구조를 만들어갈 수 있기를 간절히 소망합니다.

에필로그

이 책이 출간되기까지에는 많은 분의 도움이 있었습니다. 지면을 빌어 그분들 한 분 한 분에게 모두 감사의 말씀을 전하고자 합니다.

이 책은 2015년 8월 어느 토요일 아침 7시 DID 마스터 송수용 대표님이 주최하는 모임에서 착한경영연구소 김용진 대표님의 책 『경영학 사용설명서』 특강을 들으면서 시작되었습니다. 이 강의 이후 김용진 대표님으로부터 시스템 사고를 배우고 송수용 대표님 덕택으로 책 저술에 대한 꿈을 심은 이후 만 4년 2개월 만에 많은 분의 도움으로 이 책을 출간할 수 있었습니다.

먼저 착한경영연구소 김용진 대표님의 강의를 통해 시스템 사고라는 놀라운 사고체계를 최초로 접하면서 이 책의 근간이 싹트기 시작하였습니다. 이때의 놀라움은 지금까지 제 삶을 이끄는 원동력으로 작용하고 있습니다. 이후 이화여자대학교 정창권 교수님과 중앙대학교 김동환 교수님의 강의를 들으면서 시스템 사고에 대한 이론적인 체계가 정립되었습니다. 그리고 이러한 과정에서 읽은 피터 센게의 『학습하는 조직』은 시스템 사고를 어떻게 경영에 활용할지에 대해 구체적으로 이해할 수 있는 계기가 되었습니다. 김용진 대표님, 정창권 교수님, 그리고 김동환 교수님께 깊은 감사의 말씀을 드립니다.

이와 함께 시스템에 대한 이해도 필요했는데 김종삼 님의 『스스로 움직이게 하라』라는 책을 통해 많은 도움을 받았습니다. 그 이후 착한경영연구소 백충현 대표님의 가르침과 KT 신수정 부사장님의 페이스북 글 그리고 에드워드 L. 데시와 리처드 플레스트의 『마음의 작동법』은 제가 사람을 이해하는 데 결정적인 도움을 주었습니다. 김종삼 님, 백충현 대표님, 그리고 신수정 부사장님께 깊은 감사의 말씀을 드립니다.

그리고 이렇게 다양한 보석들을 실에 꿰어 저만의 체계를 완성할 수 있었던 데는 인과관계에 기반을 둔 논리적 사고역량을 키워주신 전남대학교 정남기 교수님과 본질과 곁가지를 구분하는 법을 일깨워주신 현대상선 배재훈 사장님의 가르침이 결정적인 역할을 했습니다. 정남기 교수님과 배재훈 사장님께 깊은 감사의 말씀을 드립니다.

이러한 과정을 통해 정립한 시스템 경영에 대한 이론적인 체계는 컨설팅과 강의 그리고 워크숍이라는 실전을 통해 현실적인 힘을 갖게 되었습니다. 최초의 시작은 2016년 6월 어느 날 김욱진 대표님에게 한 강의와 김현정 대표님의 상도테크에서 실시한 자문이었습니다. 그 후 가장 결정적인 역할을 한 것은 2016년 7월부터 2017년 9월까지 1년여간 실시한 황정욱 원장님의 모제림성형외과병원에 대한 강의와 컨설팅이었습니다. 어떻게 보면 이 경험이 저의 모든 경험적 지식이 체계적으로 정립하게 된 결정적인 계기였다고 생각합니다. 김욱진 대표님, 김현정 대표님, 그리고 황정욱 원장님께 깊은 감사의 말씀을 드립니다.

이러한 경험을 바탕으로 체계화된 시스템 경영은 공개강의와 대기업 및 중소·중견기업에 대한 강의와 워크숍, 그리고 컨설팅을 통해 현장의 목소리와 지속적으로 상호작용하며 내용적으로 풍부해지고 구체화될 수 있었습니다. 공개강의는 최효석 대표님의 도움으로 서울비즈니스스쿨을 통해 정기적으로 진행할 수 있었습니다. 과정을 진행해주신 서울비즈니스스쿨 최효석 대표님과 오연주 팀장님께 깊은 감사의 말씀을 드립니다.

대기업 대상 강의와 워크숍으로는 박정국 사장님의 도움으로 현대케피코와 현대모비스에 대한 강의와 워크숍을 하였고 신수정 부사장님의 도움으로 KT IT 기획실에 대한 강의와 워크숍을 하였습니다. 그리고 배재훈 사장님의 도움으로 현대상선 경영전략실에서 강의하였고, 김재훈 책임님의 도움으로 LG인화원 경영전략전문가 과정에서 강의하였습니다. 그리고 김성웅 수석님의 도움으로 판토스 IT부서에서의 워크숍 과정에서 강의하였고 그 외에도 휴넷과 함께 한 S-오일 차장 승진자 과정, 세아그룹 과장 승진자 과정 등이 있었습니다. 이 과정에서 도움을 주신 박정국 사장님과 신수정 부사장님, 배재훈 사장님, 김재훈 책임님, 김성웅 수석님, 그리고 휴넷 임도원 책임님, 홍지혜 책임님, 정은혜 선임님께 깊은 감사의 말씀을 드립니다.

중소·중견기업에 대한 강의와 워크숍을 체계화하는 데는 박형석 대표님의 플레이스퀘어에서의 강의와 워크숍이 중요한 계기가 되었습니다. 이후 황다인 대표님의 트랜디플러스에서의 강의와 워크숍, 최준혁 대표님의 캐스팅엔에서의 강의와 워크숍, 주은형 대표님의 낫소에서의 강의와 컨설팅 등이 계속되면서 점차 체계화될 수 있었습니다. 좋은 기회를 주신 박형석 대표님과 황다인 대표님, 최준혁 대표님, 주은형 대표님께 깊은 감사의 말씀을 드립니다.

이렇게 체계화되고 현실적인 힘을 얻게 된 시스템 경영에 관한 지식을 책으로 출간하기 위한 노력은 많이 있었지만 결실을 보지 못했는데 실제 출간으로까지 이어진 데는 클라우드나인 안현주 대표님의 응답이 결정적인 계기가 되었습니다. 2019년 5월 11일 제가 페이스북을 통해 '세상을 이롭게 하기 위해 시스템 사고에 관한 책을 출간하고 싶다. 이에 대한 판단이 가능하도록 강의를 하고 싶은데 이를 원하시는 출판사 대표님이 계시면 손을 들어주시면 감사하겠습니다.'라는 글을 올렸는데 안현주 대표님이 바로 댓글을 달아주셨습니다. 그래서 2019년 5월 28일 선릉역 북쌔즈에서 책 출간을 위한 강의를 했고 이에 대한 수강생들의 반응이 매우 좋아서 책 출간에 이르게 되었습니다. 책 출간을 결정해 주신 클라우드 나인 안현주 대표님께 깊은 감사의 말씀을 드립니다.

책 출간까지의 과정에서 책 원고를 리뷰해주시고 기꺼이 추천사를 작성해주신 현대모비스주식회사 대표이사이신 박정국 사장님, 착한경영연구소 김용진 대표님과 백충현 대표님, 질문디자인연구소 박영준 소장님, 이노캐털리스트 김동준 대표님, 중앙대학교 하영목 교수님, 전남대학교 이상호 교수님, 빵집 마케터 김수진 대표님, 서울비즈니스스쿨 최효석 대표님, ㈜다우기술 박남혜 차장님, SK브로드밴드 오두영 담당님, 웨슬리퀘스트 정종섭 대표님께 깊은 감사의 말씀을 드립니다.

마지막으로 삶의 여정에서 제 삶을 주관해주시는 하나님께 감사드리며 저를 낳아주시고 길러주신 부모님, 임정택님, 고광현님께 진심으로 감사드립니다. 그리고 저와 고락을 함께해준 아내 최혜영님과 아들 임지섭과 딸 임수연에게도 깊은 감사의 마음을 전합니다.

마지막으로 출간에 도움을 주신 모든 분께 다시 한번 깊은 감사의 말씀을 전합니다. 감사합니다.

참고문헌

『경영학 사용설명서: 경영 원리를 어떻게 실전에 적용할 것인가』, 김용진 지음, 클라우드
　　나인, 2015년

『경영학 콘서트』, 장영재 지음, 비즈니스북스, 2010년

『기업의 인간적 측면』, 더글러스 맥그리거 지음, 한근태 옮김, 미래의창, 2006년

『당신의 뇌는 최적화를 원한다』, 가바사와 시온 지음, 오시연 옮김, 쌤앤파커스, 2018년

『마음의 작동법』, 에드워드 L. 데시·리처드 플래스트 지음, 이상원 옮김, 에코의서재,
　　2011년

『마켓 리더의 전략』, 마이클 트레이시·프레드 위어시마 지음, 이순철 옮김, 김앤김북스,
　　1999년

『몰입, 미치도록 행복한 나를 만난다』, 미하이 칙센트미하이 지음, 최인수 옮김, 한울림,
　　2004년

『생각의 미래: 미래를 통찰하는 시스템 사고』, 조셉 오코너·이안 맥더모트 지음, 안재현
　　옮김, 지식노마드, 2016년

『세상을 바꾸는 방법 변화관리 3.0』, 위르헌 아펄로 지음, 조승빈 옮김, 2012년

『스스로 움직이게 하라: 살아 있는 조직을 만드는 시스템의 힘』, 김종삼 지음, 더난출판
　　사, 2013년

『시스템과 시스템적 사고: 시스템 경영 해설, 약속과 희망의 메시지』, 이명환 지음, 21세
　　기북스, 2014년

『시스템 사고: 시스템으로 생각하기』, 김동환 지음, 선학사(북코리아), 2004년

『시스템 사고와 시나리오 플래닝』, 김상욱 지음, 충북대학교출판부, 2018년

『시스템의 힘: 언제까지 급한 불만 끌 것인가? 시스템으로 일하라』, 샘 카펜터 지음, 심태
　　호 옮김, 포북, 2013년

『우리는 이렇게 미래를 예측할 수 있을까?: 미래를 보는 과학적 방법 시스템 사고』, 신호
　　상 지음, 지식플랫폼, 2019년

『진화된 마케팅 그로스 해킹: 프로세스와 실행 전략 바이블』, 션 엘리스·모건 브라운 지음, 이영구·이영래 옮김, 골든어페어, 2017년

『차이의 경영으로의 초대: 지식창조와 학습을 위한 시스템 사고』, 유재언 지음, 삼성경제연구소, 2004년

『학습하는 조직』, 피터 센게 지음, 강혜정 옮김, 에이지21, 2014년

『행동을 경영하라: 행동변화를 통한 성과 창출』, 오세진 지음, 학지사, 2016년

『히스토리가 되는 스토리 경영』, 구스노키 켄 지음, 이용택 옮김, 자음과모음, 2012년

『DEO의 시대가 온다: 디자인적 사고로 인재관리, 시스템, 경영을 새롭게 모색하는』, 마리아 쥬디스·크리스토퍼 아일랜드 지음, 박준형 옮김, 마일스톤, 2015년

『나는 왜 이 일을 하는가』, 사이먼 사이넥 지음, 이영민 옮김, 타임비즈, 2013년

「뇌의 과학 – 인간의 뇌는 3층 구조」, 서유헌 글, 2010년

「블루보틀 커피, 줄 서서 먹는 이유」, 육성연 글, 리얼푸드, 2017년

「사회적 태만」, 나무위키, 2019년

「새해 계획은 괴물 투수 오타니의 '만다라트' 따라잡기로」, 박정경 작성, 중앙일보, 2016년

「생존하는 회사 vs. 미션을 이루어 가는 회사」, 유호현 글, 브런치 [실리콘밸리를 그리다] (2), 2017년

「시너지와 링겔만」, 윤삼열 설교, 목포정명여자중학교 교직원 예배 설교자료, 2006년

「시스템 사고의 효용 "숲이 보인다"」, 박천홍 글, DBR, 2008년

「시스템의 본질과 시사점」, 김상욱 강의, 충북대학교 경영정보시스템 강의자료

「연못 수련 이야기 – 지수증가의 위험」, 정창권 글, 브런치, 2016년

「욕망을 읽고 마음을 TOUCH하는 브랜딩」, 이름 없는 스터디 글, 브런치, 2019년

「품질비용 Q – Cost」, 김지우 글, 블로그, 2013년

「Supply Chain Systems Thinking」, Ashish Mendiratta 제작, 유튜브, 2016년

「The Essential Drucker – 피터 드러커 글모임 01. 효과성에 대하여」, 이명헌 글, 이명헌 경영스쿨, 2002년

「'잃어버린 15년' MS 부활의 비결」, 홍재의, 배소진 글, 머니투데이, 2019년 9월

「기업 DT의 핵심은 일하는 문화의 혁신, 애자일 어프로치」, 김지현 글, 삼성SDS 인사이트 리포트, 2022년 11월

「철학적 사유와 시스템적 치유」, 최동석 글, https://mindprogram.tistory.com, 2015년

「4차 산업혁명시대 대표 세계관, VUCA를 아시나요?」, 김준형 글, 잡코리아, 2017년

「[이정규 칼럼] 빙산모델과 도롱뇽알」, 이정규 글, ZDNET Korea, 2022년 12월

「SR3. 애자일 팀 구성 전에 애자일 리더십 먼저」, 배미정 글, DBR, 2021년 1월

성공 구조를 만드는 **시스템 설계자**

초판 1쇄 인쇄 2024년 2월 8일
초판 1쇄 발행 2024년 2월 14일

지은이 임영채
펴낸이 안현주

기획 류재운 **편집** 송무호 안선영 김재열 **브랜드마케팅** 이승민 **영업** 안현영
디자인 표지 정태성 본문 장덕종

펴낸 곳 클라우드나인   **출판등록** 2013년 12월 12일(제2013-101호)
주소 우) 03993 서울시 마포구 월드컵북로 4길 82(동교동) 신흥빌딩 3층
전화 02-332-8939 **팩스** 02-6008-8938
이메일 c9book@naver.com

값 19,000원
ISBN 979-11-92966-57-1 03320